これからの介護・福祉事業を担う経営"人財"

介護福祉経営士テキスト 実践編Ⅰ

事務管理／人事・労務管理
求められる意識改革と実践事例

谷田一久 編著

JMP 日本医療企画

● 総監修のことば

なぜ今、「介護福祉」事業に経営人材が必要なのか

　介護保険制度は創設から10年あまりが経過し、「介護の社会化」は広く認知され、超高齢社会の我が国にとって欠かせない社会保障として定着している。この介護保険制度では「民間活力の導入」が大きな特徴の1つであり、株式会社、社会福祉法人、NPO法人など多岐にわたる経営主体は、制度改正・報酬改定などの影響を受けつつも、さまざまな工夫を凝らし、安定した質の高いサービスの提供のため、経営・運営を続けている。

　しかしながら、介護福祉業界全般を産業として鑑みると、十分に成熟しているとは言えないのが現実である。経営主体あるいは経営者においては経営手法・マネジメントなどを体系的・包括的に修得する機会がなく、そのため、特に介護業界の大半を占める中小事業者では、不安定な経営が多くみられる。

　安定的な介護福祉事業経営こそが、高齢者等に安心・安全なサービスを継続して提供できる根本である。その根本を確固たるものにするためにも体系的な教育システムによって経営を担う人材を育成・養成することが急務であると考え、そのための教材として誕生したのが、この『介護福祉経営士テキストシリーズ』である。

　本シリーズは「基礎編」と「実践編」の2分野、全21巻で構成されている。基礎編では介護福祉事業の経営を担うに当たり、必須と考えられる知識を身につけることを目的としている。制度や政策、関連法規等はもちろん、倫理学や産業論の視点も踏まえ、介護福祉とは何かを理解することができる内容となっている。そして基礎編で学んだ内容を踏まえ、実際の現場で求められる経営・マネジメントに関する知識を体系的に学ぶことができるのが実践編という位置付けになっている。

　本シリーズの大きな特徴として、各テキストの編者・著者は、いずれも第一線で活躍している精鋭の方々であり、医療・介護の現場の方から教育現場の方、経営の実務に当たっている方など、そのフィールドが多岐にわたっていること

が挙げられる。介護福祉事業の経営という幅広い概念を捉えるためには、多様な視点をもつことが必要となる。さまざまな立場にある執筆陣によって書かれた本シリーズを学ぶことで、より広い視野と深い知見を得ることができるはずである。

　介護福祉は、少子超高齢化が進む日本において最重要分野であるとともに、「産業」という面から見ればこれからの日本経済を支える成長分野である。それだけに日々新しい知見が生まれ、蓄積されていくことになるだろう。本シリーズにおいても、改訂やラインアップを増やすなど、進化を続けていかなければならないと考えている。読者の皆様からのご教示を頂戴できれば幸いである。
　本シリーズが経営者はもとより、施設長・グループ長など介護福祉経営の第二世代、さらには福祉系大学の学生等の第三世代の方々など、現場で活躍される多くの皆様に学んでいただけることを願っている。そしてここで得た知見を机上の空論とすることなく、介護福祉の現場で実践していただきたい。そのことが安心して老後を迎えることのできる社会構築に不可欠な、介護福祉サービスの発展とその質の向上につながると信じている。

総監修

江草安彦
社会福祉法人旭川荘名誉理事長、川崎医療福祉大学名誉学長

大橋謙策
公益財団法人テクノエイド協会理事長、元日本社会事業大学学長

北島政樹
国際医療福祉大学学長

(50音順)

● はじめに

活き活きとした現場の実情から事務管理部門の真の姿を学んでほしい

　本書は、介護に関わる事務管理部門で働く人たち、あるいは、これから働こうとしている人たちを応援することを意図して書かれたものです。

　執筆者は、介護保険制度導入当初より数多くの事業所の運営を手がけてきたという実績があり、つねにより良い介護を目指している社会福祉法人"ふるさと自然村"（高知県）の山本恵子理事長をはじめとした同法人所属の施設長の皆様です。活きたテキストをつくるには、活き活きとした現場の実情を紹介することが最善であろうと考え、山本恵子理事長にテキスト作成の協力を依頼しました。冒頭に記した本書の意図に賛同をいただき、法人内でプロジェクトチームが立ち上がり、著述の分担が決まり、全体の形ができあがりました。その実行力・組織力には驚くばかりでした。

　事務管理部門は、縁の下の力持ちとして表舞台に登場することは少ないように思われがちです。しかし、事務管理部門がなければ事業所運営がままならないのも事実です。執筆者である"ふるさと自然村"の皆様は、日頃行われている事業所運営の視点から、事務管理部門が担っている機能や業務の重要性を読者に伝えようと試みました。できるだけ具体的な事例を用いながら、実際の事業所運営を新鮮な情報として読者に届けようとしています。

　読者の皆様は、頭の中のイメージをいっぱいに膨らませて文字を追ってください。"ふるさと自然村"ホームページ（http://www.chisio-group.or.jp/main.html）を見てさらにイメージを補強してください。高知県の海と空と緑のなかで、介護を担っている人々、安心して時を過ごす利用者、そして、それを支える事務管理部門がそこにあるのです。

谷田　一久

CONTENTS

総監修の言葉 …………………………………………………………… Ⅱ
はじめに ………………………………………………………………… Ⅴ

序章　事務管理部門の役割 …………………………………………… 1

1. 事務管理部門への期待 ……………………………………………… 2
2. 施設の基本理念を理解し行動と結びつける ……………………… 4

第1章　事務管理 ………………………………………………………… 9

1. 介護施設における事務管理部門の仕事の意味 ………………… 10
2. 介護施設の歴史と理念 …………………………………………… 12
3. 介護施設における事務管理部門の仕事の枠組み ……………… 16
4. 介護施設の収入管理（介護報酬の請求）………………………… 22
5. 介護報酬の改定への対応 ………………………………………… 26
6. 介護施設の経理（現金管理・預金管理・予算と決算）………… 29
7. 介護施設の施設管理（建物・設備・備品）……………………… 33
8. 介護施設の人事管理 ……………………………………………… 37
9. 介護施設の購買活動（主な購買活動）…………………………… 40
10. 介護施設の委託契約（委託会社の選定と契約）………………… 43
11. 事務職員の心構え ………………………………………………… 46
12. 利用者・家族との接し方 ………………………………………… 49
13. リスク管理 ………………………………………………………… 52
14. 防災 ………………………………………………………………… 54

第2章　人事・労務管理 …………………………………………… 59

　1　労使契約 …………………………………………………………… 60
　2　職員の職種 ………………………………………………………… 63
　3　職務分掌 …………………………………………………………… 69
　4　採用計画 …………………………………………………………… 72
　5　休暇の取り方・与え方 …………………………………………… 80
　6　報奨制度 …………………………………………………………… 82
　7　休職・退職 ………………………………………………………… 85
　8　表彰制度と懲戒 …………………………………………………… 88
　9　労働組合 …………………………………………………………… 91

序章

事務管理部門の役割

1 事務管理部門への期待

2 施設の基本理念を理解し行動と結びつける

1 事務管理部門への期待

1 組織をスムーズに運営する

　介護施設に限らず、企業体組織にとって事務管理部門は必要不可欠な部門です。その組織本来の目的を達成するためには、多くの事務が発生してくるのです。

　例えば、給与の計算や支払いについて考えてみましょう。介護の現場では、介護職員が一生懸命に利用者に介護サービスを提供しています。その介護職員にも生活があります。家族がいます。彼らや彼女らの生活の糧になるのが給与なのです。その給与は、一定のルールによって決められることになります。経験や仕事内容によって決まるというルールもあれば、職種によって決まるというルールもあるでしょう。さまざまな事情を勘案してルールは決められることとなります。そして、そのルールに従って給与は計算され、毎月、決まった日に銀行口座に振り込まれることになるのです。

　当たり前で、あまり意識することはありませんが、事務管理部門がなければ、そのような当たり前のことすら当たり前でなくなってしまうのです。また、もっとも重要なことの1つとして事務部内には、利用者との最初の出会いにおいて、法人の理念にそった対応をし、現場につなげる役割があります。また、2つ目に、法人が事業所を経営していくための指標を作るという仕事もあります。

　他にも、介護施設は多くの法律によって規制されています。それらの法律にかなっていることを確認して、届出をしたり、許可を得たりすることは、介護施設として事業を営むためには必須の要件です。そ

の要件を満たすためには、これまた多くの書類や、行政官庁とのやり取りも必要となります。それを担当するのが事務管理部門なのです。

2 専門職が能力発揮できる環境づくり

　介護の現場では、担当者が利用者への介護サービスを直接的に提供しています。それが介護施設本来のサービス提供です。しかし、事務管理部門が存在しなければ、あるいはその能力が低ければどうなるでしょう。介護の現場は混乱することは明らかです。利用者の環境整備も、必要な機材も、役割分担も、あらゆることがストップしてしまいます。介護職員も病気や、家庭の事情で休みをとることがあるでしょうが、その時の代役すら確保できなくなってしまうのです。そのような状況を想像してみてください。介護職員は介護に専念することなどできなくなってしまいます。それは、組織ではなく、烏合の衆です。

　せっかく、介護という志を持った人たちが集まっていても、介護をする時間が持てないようでは、さらには、介護以外の仕事に時間を費やしているようでは、継続して介護サービスを提供することすらままならなくなってしまうのです。ましてや、介護の質を向上させるなどということはあり得ません。たまたま能力を持っている介護職員がいることはあるでしょう。しかし、その能力を十二分に活かす環境がなければ、それを同僚たちが参考にすることもできません。

　事務管理部門の役割は、志をもった専門職たちがその能力を十二分に発揮するための環境をつくることなのです。日常の業務の中で、志を忘れてしまうこともあるでしょう。その時に、志を思い出させるような仕掛けづくりをするのも事務管理部門の役割なのです。

　介護現場の職員は、目の前の利用者のために一生懸命になっています。1人の職員は1日に何人、何十人の利用者の介護を行うことでしょう。事務管理部門の職員は、何十人、何百人の利用者のことを考えて仕事をするのです。

2 施設の基本理念を理解し行動と結びつける

1 組織の劣化を防ぐために

　先に述べた事務管理部門への期待は、組織運営全般に及ぶものです。介護士たちは有資格者ですが、事務管理部門の職員はこれといった資格を持っているわけではありません。

　資格を有する専門職たちは、そもそも、その専門職に就くにあたっての職業倫理や職業観を持っています。つまり、職に対しての理念を持っているのです。

　専門職としての職業倫理も存在しますが、応々にして介護職は個人としての理念で働いている人が多くいました。したがって、個人個人によってそれぞれの職業倫理や職業観が存在するわけです。介護という職業の重要性や責任を強く感じて日常の業務を遂行している人もいれば、介護技術に強く関心を持っている人もいるかもしれません。あまり考えたくはないですが、単に生活の糧を得る手段として介護を考える人もいないとも限りません。また、そのような自らの職業に関する考えは、その人の置かれた状況によっても変化するものです。かつては、介護という職に誇りを持って取り組んでいた人が、気付いてみたらお金のためだけに働いているということもあり得ることなのです。このことは当然事務管理部門の職員にはもっと起こり得ることです。

　そのような組織の劣化を防ぐのも事務管理部門の重要な役割の1つです。もちろん、介護現場の運営を任されている各部署の責任者も、それぞれの部署の職員の考えをある一定の方向やある一定の水準に保つ役割を持ちますが、どうしても自らの部署の事情を優先してしまい

がちになります。そのような場合にあらゆる介護の現場と通じている事務管理部門の役割がクローズアップされることになるのです。

2 基本理念を理解し組織を調整する

　組織全体の方向性を十分に理解すること。それはすなわち、組織の基本理念を十分に理解することにほかなりません。その組織が何のために存在するのかを示しているのが基本理念なのです。組織内で発生するさまざまな問題に対処する場合の判断基準となるのも基本理念です。

　また、部署同士の争いがあったとしても、基本理念を共有している限りは争いの当事者同士も理解し合うことができます。なぜなら、基本的な方向性や価値観は同じわけですから、表面的な意見のくい違いがあったとしても、本質的には同じ考えに基づいているのです。どちらの考えも正しいわけですから争うことの意味は見いだせなくなります。そのことに気付かせてくれるのが基本理念なのです。

　事務管理部門は、組織全体の調整役となることも少なくありません。現場が調整を求めてきた場合に、しっかりと調整し、現場のわだかまりを最小限におさめるというのが事務部門の役割となるのです。

　そのような役割は、「現場を知っている」とか「現場と仲がいい」というレベルで果たせるものではありません。それに加えて、組織の存在理由である基本理念を十分に理解し、すなわち、経営者の考えや気持ちを十分に理解して介護の現場で一生懸命にサービスを提供している職員たちと向き合うことが求められるのです。

　事務部門の良し悪しは、介護施設全体の良し悪しに強く影響します。介護の現場が活き活きと利用者にサービス提供するためには、それを支える事務部門の職員がどれだけ自分たちの重要性を理解し、それを行動に表すかということにかかっているといっても過言ではないでしょう。

3 事務管理部門の強み

　事務管理部門の職員は、介護に関する専門的な資格を持っていません。資格社会においては、資格を持っているかどうかは直接的に業務に携わることができるかどうか、すなわち、直接的に価値を生み出すことができるかどうかと同じ意味であったりします。「稼いでいるのは現場の有資格者で、それにぶら下がっているのが事務」といったような極端な決めつけをする人もいるくらいです。確かに、介護報酬の体系からも、明らかにそのような傾向が見て取れるところです。

　しかし、先に述べましたように、組織として介護サービスを提供する事業を行っている以上、有資格者だけで事業が成り立っているわけではないことは現実です。事務管理部門も介護サービスを提供する事業に必要不可欠な存在として貢献しているのです。有資格者がいなければ施設運営はできないというのと同じく、事務部門がなければ施設運営はできないのです。

　以上は組織運営から見た事務管理部門の重要性ですが、それとは別に、直接的にサービスの質を維持するという重要な事務管理部門の役割があります。

　それは、資格を持たないものだからこそできる役割です。有資格者はさまざまな専門的な知識や技術を有しており、それをベースにして物事を考える傾向があります。また、そうでなければ専門職としては失格です。しかし、一方で、利用者はそのような知識や経験を持ち合せていません。これがいわゆる「情報の非対称性」というものです。利用者やその家族は一般常識でものを考えますが、専門的な知識というものは一般常識と異なって見えることも少なくありません。専門的知識の中には、一般常識からかけ離れているものもあるかと思います。

　専門的知識が暴走して、利用者や家族の意思に反して専門性を実現しようとしたとき、いったん、ブレーキをかけるのが事務管理部門の

職員の役割となるのです。介護の専門資格を持っていないということは、利用者やその家族と同じ一般人の視点で、自らのサービス内容を見ることができるのです。現場の苦労を知りながら、専門性の尊さを知りながら、しかし、一方では一般常識によって物事をとらえることができる、専門的な論理と一般的な論理の両方を使い分けることができる、それが事務管理部門の強みなのです。

　専門性というのは一般的な論理が積み重なってできあがっているものです。ただ、その積み重ねが重厚になればなるほど、言葉が難しくなり、一般的な知識の水準や常識的な認識では理解できなくなるというだけなのです。本当に専門性の高い人は、平易な言葉や喩えを用いてわかりやすく説明してくれるものです。しかし、そのような人はまれにしかいません。専門職たちは専門職たちの言葉と論理でものごとを考え表現してしまいがちです。それがもっとも効率的だからです。そして、そこに落とし穴がまっているのです。

　現場の専門職たちは誰しも利用者のためにと行動します。しかし、それがうまく伝わっていないこともあります。そのような事態になる前に、事務管理部門が"敢えて素人"となり、専門職たちに疑問を投げかけることで、わかりやすくて安心なサービス提供が実現していくのです。

第1章
事務管理

1. 介護施設における事務管理部門の仕事の意味
2. 介護施設の歴史と理念
3. 介護施設における事務管理部門の仕事の枠組み
4. 介護施設の収入管理（介護報酬の請求）
5. 介護報酬の改定への対応
6. 介護施設の経理（現金管理・預金管理・予算と決算）
7. 介護施設の施設管理（建物・設備・備品）
8. 介護施設の人事管理
9. 介護施設の購買活動（主な購買活動）
10. 介護施設の委託契約（委託会社の選定と契約）
11. 事務職員の心構え
12. 利用者・家族との接し方
13. リスク管理
14. 防災

1 介護施設における事務管理部門の仕事の意味

1 理念を組織に共有させる

　介護現場の職員は、利用者と触れ合い処遇するなかで、ケアプランに基づいた目標に従い、「快適に生活していただこう」、「身体機能の維持をしていこう」というような明確な目標を持って日々業務をこなしています。しかし、事務管理部門のように主に書類作成など事務的な作業が多い場合、なかなか自分たちの目標を意識して業務に当たるということができていません。

　それでは「事務管理部門には目標はないのか」というと、決してそうではありません。事務管理部門は、人事労務・建物等の管理・官公庁への届出・経理や細かな事務手続きなどその業務範囲は広く、作業量も少なくありません。それらの当たり前にしなければならないことを確実に実行することで、法人の理念・目標を果たそうとしています。

　介護施設を運営し維持していくためには、法令の遵守、経営の安定、人材の育成を行うことが重要ですが、そこに法人の思いが入っていなければ良いサービスを提供することはできません。介護施設は、ただ機械的にサービスを提供すればいいという施設ではないからです。

　当法人「ふるさと自然村」では「かけがえのない人生、あなたの人生、私の人生を大切に『在宅・施設・地域』で生きるあなたを支援します」という思いを持って介護施設の運営を行っています。「ふるさと自然村」という法人名にも「それぞれのふるさとを目指して、いつも自然体で」という意味が込められています。

　事務管理部門は、理事長、施設長に近いことから、その思い・理念

を一番理解しておかなければならない部署であり、その価値観を共有してこそ日々の業務に意味ができてきます。また、その思い・理念を各部署に伝え、施設全体が思いを1つにしてサービスの提供ができるようにバックアップすることも事務管理部門の役割です。介護現場は利用者との関係の中での目標設定になりがちですが、その中に法人としての思いを意識してもらうために事務管理部門の働きかけが必要となるのです。

　一般的に見れば当たり前のことと思っても、理念は大事なメッセージです。日々胸に落とし込むことが大切です。

2 窓口としての外部対応

　このように施設内部に働きかけることは大切ですが、事務管理部門は来訪者対応や電話対応で外部の人と最初に接する職員であり、その職員の対応が施設の印象を左右する、という重要な部署でもあります。事務職であっても日頃から利用者・家族の話を聞いたり、現場職員と情報を共有したりして信頼関係を築くことが大切です。また、利用者の方が安心して介護サービスを受けられるよう、明るく親切で丁寧な対応が必要となります。利用者が事務所に気軽に話をしに来られるようになれば、事務所で感じた利用者の変化を介護現場に戻し、サービスにつなげることもできます。

　当法人では時々事務所に話に来られる利用者が何名かおり、「忙しいね」「がんばってるね」と声を掛けてくださいます。事務職員を子どもや孫のように思ってくれる利用者や、納涼祭などを通じて触れ合う地域の人との関係をつむぐことも、事務職員の大切な仕事なのです。

　以上のように、事務職員だからといって、事務処理だけをしていればよいのではないことはわかっていただけたと思います。具体的な事務処理については後述しますが、これらの作業は環境を整え、施設の運営に法人の理念を反映させていくものです。事務管理部門には、その目的を果たすために内外に対して働きかけることが求められるのです。

2 介護施設の歴史と理念

1 高齢者福祉のはじまり

「介護施設」は、「高齢者住宅」と同じく明確な用語の定義が定まっておらず、現在のわが国では一般的に「高齢者を中心とした介護のための施設」と認識されているのが現状です。法律をもとにみれば、関係するのは主に社会福祉法人は、「社会福祉法」、「介護保険法」・「老人福祉法」ですが、状況によって「生活保護法」・「障害者自立支援法」も挙げられます。

わが国の高齢者福祉に関する制度のめばえは、1872（明治5）年、「東京府養育院」が開設されたことに始まります。明治30年から40年頃にかけ横浜・神戸・大阪などの大都市に養老院が開設されました。1929（昭和4）年には救護法のもと、65歳以上の身寄りのない高齢者に対して施設での救護や居宅での救護が行われました。これは国による法律のもと、いくらかの予算を伴う当時としては画期的なものでしたが、実際は篤志家の浄財により賄われるのであり、戦前の福祉施策は慈善事業という性格のものでした。ただ、この法により実際に救護を受けられる人はごく低所得層のごくわずかな人たちでした。

1946（昭和21）年には国主導による社会保障制度の一環として生活保護法（旧法）が制定されました（1950［昭和25］年全面改正）。これにより居宅で生活に困窮している高齢者の生活扶助や医療扶助を担い、養老院は生活保護法に基づく施設として位置づけられました。戦前の救護法と比べ、高齢者への介護の裾野は広がりましたが、生活保護法の対象者に限定されたものでした。

2 措置制度による施設介護

　そもそもわが国では、どのような経過を辿り、現在のような施設介護(福祉分野)が行われるようになったのでしょうか。福祉分野の仕事は、戦後の憲法により「国がやるべき」と定められましたが、国が行っていくにはさまざまな困難、問題が予想されました。そこで、憲法17条および49条を定め、公のやるべき仕事を社会福祉法人に任せるうえで、税金を投入するという措置制度ができたのです。

　1963(昭和38)年には高齢者福祉に特化した老人福祉法が制定され、これまでの養老施設は3種類の老人福祉施設(養護老人ホーム・特別養護老人ホーム・軽費老人ホーム)として細分化され、固有の機能と役割が与えられました。老人福祉法における施設介護は、措置制度のもと、措置権を持つ行政が基本的枠組みを決定するもので、施設利用においても、要介護者と施設が自由に利用契約を結べるものではなく、行政が施設利用の要・非を決定するものでした。

　この措置制度とは、働く人の給与の総体として施設への入居者の数に応じて一定の金額(措置費)が施設側に支給されるものであり、介護サービスの質や職員の資質などの要件が問われることはありませんでした。このことが、介護施設における介護サービスの質の向上や利用者主体の介護といった発想を遅らせてきた要因の1つだといえます。また、時代背景として、「高齢者の介護は家族がみるもの」、「施設の世話になるのは恥ずかしいこと」という国民的精神風土も、介護施設の発展を妨げる要因として挙げられます。

　しかしながら、日常生活介護を必要とする高齢者は、医療機関に入院後、急性期治療が終わり療養状態となった後も、医療機関を利用し続けるという療養病床状態を生み出すことになりました。このことは、「社会的入院」といわれ、医療費の高騰を招くと同時に病院経営を圧迫するという状況を生み出しました。これら療養病床への問題への対応や、核家族化による家族介護の限界が、新たな介護制度・機能・施

設の需要を高めていく結果となりました。

こうした経緯のもと、1980年代末頃から老人福祉サービスの相対的遅れが問題となり、1989(平成元)年に「高齢者保健福祉推進十カ年戦略(ゴールドプラン)」が策定され(1990［平成2］年から開始)、新たな高齢者福祉のあり方が検討されるようになりました。

3 介護保険制度と自立支援

2000(平成12)年には、医療・年金とならび皆保険としての介護保険制度が施行され、高齢者が自分の意思のまま自分らしく生きることを支援するという「自立支援」が基本の目的として提唱されました。多くの介護施設はこの制度のもと運営されることになり、介護を必要する人は皆等しく施設と直接契約を行い入居でき、同時に施設自体を選択できるようになりました。

当法人においても、その介護保険制度の理念に沿った独自の理念を持ち、利用者へのサービスを提供しています。その経営理念は、「利用者様に住みなれた地域で、いつまでも安心して暮らしていただくため、地域に根ざした利用者様中心の保健・福祉の総合的サービス提供」を掲げています。

また理念を実現する為の具体的行動指針としては、以下の5点を掲げ行動しています。

①利用者様のニーズに応え職員一人ひとりが責任のある行動をとること
②利用者様一人ひとりを尊重し、プライバシーを守り、思いやりのある心でサービスを提供すること
③個々の利用者様の生活リズムを大切にし、自立支援にむけての援助を行うこと
④ご家族・地域との結びつきを大切にし、地域の一員として地域ケア

の質の向上に努めること
⑤基本姿勢として
　1)「4S with スマイル運動」の推進
　　＊セーフティー（安全性・信頼性）
　　＊スピーディー（迅速に、機敏に）
　　＊ソフト　　　（やわらかさ、機転）
　　＊スピーチ　　（言葉遣い、説明）
　2) 顔には微笑みを、言葉にはやさしさを、心には愛を

　これらの理念や行動指針は、それぞれの法人において策定され、実践されていますが、利用者本位の立場により密接の立脚した理念が示され、法人間同士・事業者間同士で利用者様のサービスに切磋琢磨していく競争原理がさらに新たな介護保険制度を構築していく要となっていくことを強く意識することが大切です。

3 介護施設における事務管理部門の仕事の枠組み

1 多岐にわたる事務管理部門の業務

　介護施設における事務管理部門の仕事は、人事労務管理、施設管理、経理、介護報酬請求、利用者への請求、官公庁への届出、電話・相談

図表1-1 ● 介護施設における事務部門の仕事の枠組み(年間スケジュール)

	人事労務等	点検
1月	・給与支払報告書提出(税務署) ・給与支払調書提出(市町村)	・消防機器点検(法定点検-年2回) ・レジオネラ菌水質検査(法定点検-年2回) ・エレベーター点検(保守-毎月、法定点検-年1回)
2月	・36協定	・受水槽清掃・点検(法定点検-年1回) ・浄化槽点検(法定点検-年1回) ・エレベーター点検
3月	・職員代表選考決定 ・新人研修(2日間)	・エレベーター点検
4月	・給与改定 ・福祉医療機構退職共済掛金納付対象職員届作成 ・入社式	・エレベーター点検 ・害虫駆除(年2回)
5月	・退職共済掛金　納付 ・障害者雇用納付金　納付	・冷暖房切替点検(年2回) ・エレベーター点検
6月	・人事考課	・エレベーター点検
7月	・賞与支給(査定期間12月～5月　評価) ・労働保険料確定概算申告	・消防機器点検　・レジオネラ菌水質検査 ・エレベーター点検
8月		・エレベーター点検
9月	・採用試験	・エレベーター点検
10月	・健康保険扶養家族の実態調査	・冷暖房切替点検　・エレベーター点検
11月	・年末調整必要書類提出 ・人事考課	・電気設備点検(法定点検-年1回) ・エレベーター点検　・害虫駆除 ・特殊建築物の定期報告書提出(3年ごとに1回)
12月	・賞与支給(査定期間6月～11月　評価) ・年末調整	・電気設備総合点検(法定点検-3年ごとに1回) ・エレベーター点検
その他	・採用面接(随時) ・就業規則の変更(変更があったとき)	・植栽維持(年何回か消毒と剪定)

3 事務管理／人事・労務管理

対応、3年ごとの介護報酬改定への対応、施設行事への参加、環境整備など、直接処遇業務以外の大部分を担っています。介護施設に配置される事務職員が数名程度であることを考えると、1人の事務職員が担う業務内容も多岐にわたります（**図表1-1、1-2**）。これらの業務を人・物・金・情報の資源に分け、目的ごとに要不要を入れて整理すると、**図表1-3**のようになります。**図表1-3**の見方としては、まず「人」という資源について考えると、「安全性・信頼性」に○がついています。これは、行動基準として「安全に配慮し、信頼されるようにする」ということが求められるということです。続いて見ていくとわかるとおり、「人」には「迅速に・機敏に」、「やわらかさ・機転」…という図表中のすべての行動基準が求められるということになります。

届出・申請	その他
・看護師従事者届出（2年ごと　保健所）	・消防訓練（年2回、うち1回は夜間想定、地震津波想定） ・社会保険料納付（毎月）　・労働保険料納付（年3回） ・固定資産税納付（年4回、減免の場合は納付なし）
・ケアハウス事務費補助　請求書提出（県）	・新年度の事業計画書、予算書作成（理事会審議事項） ・当年度の補正予算作成（理事会審議事項） ・社会保険料納付
・ケアハウス事務費補助　次年度分申請書提出（県）	・理事会（補正予算、事業計画、当初予算） ・医師の契約内容見直し→再契約 ・施設の損害賠償保険保険料納付　　・社会保険料納付
・健康診断費補助　申請書提出（県） ・助成車両申請書提出（共同募金会）	・前年度の事業報告書、決算書作成（理事会審議事項） ・社会保険料納付
・資産総額の変更登記（法務局、決算後2カ月以内） ・消費税申告書提出（税務署）、納付 ・法人税申告書提出（県税事務所）、納付 ・県市民税申告書提出（市町村）、納付 ・ケアハウス事務費補助　請求書提出、前年度分精算（県）	・理事会（事業報告、決算報告）（決算後、2か月以内） ・監事監査 ・自動車税納付（減免の場合は納付なし） ・固定資産税納付 ・社会保険料納付 ・ホームページで情報公表（決算書、苦情）
・社会福祉法人現況報告書提出（県） ・事業報告書提出（福祉医療機構、借入がある場合） ・助成車両申請書提出（日本財団）	・納涼祭準備 ・社会保険料納付
	・消防訓練　　・労働保険料納付 ・社会保険料納付
・ケアハウス事務費補助　請求書提出（県） ・助成車両申請書提出（JKA）	・社会保険料納付　　・固定資産税納付 ・敬老会準備
	・理事会　　・社会保険料納付
	・社会保険料納付　　・労働保険料納付　　・車両保険料納付
・ケアハウス事務費補助　請求書提出（県）	・車両保険契約更新 ・社会保険料納付 ・固定資産税納付
	・理事会（補正予算）　　・社会保険料納付 ・火災保険料納付
・介護報酬　加算体制の届出（変更があったとき） ・介護保険事業所の更新申請（6年に1回）	・定款・経理規程・運営規程・契約書・重要事項説明書の変更（いずれも変更があったとき） ・施設監査　事前提出資料の作成と対応 ・理事の再任（2年に1回）

図表1-2 ● 介護施設における事務部門の仕事の枠組み（月間スケジュール）

※社会福祉法人の場合を記載

	人事労務等	その他
1～10日	・勤怠表作成（出勤簿、勤務変更届、時間外勤務命令書承認書、休暇・欠勤・遅刻・早退・外出届出書、承認書を確認） ・業務連絡簿、給与関係の稟議書を作成 ・給与計算 ・給与計算のチェックをうける（本部） ・給与計算の決裁を受ける（理事長） ・決裁後、社労士事務所に書類を送付 ・住民税、所得税納付	・月末支払の書類整理 ・介護報酬の請求（実績確認、資料作成）（国保連合会） ・利用者への請求書作成 ・伝票作成とシステムへの入力
11～20日	・社労士事務所から給与振込件数・金額の連絡を受け、確認後、銀行に伝送サービス票を送付 ・給与支給、支払決裁をうける（理事長） ・給与明細票を職員に配布 ・先月取得、次月付与有休休暇の確認 ・当月予定勤務を勤怠表に入力	・先月分納品書と請求書の確認 ・利用者の利用料集金 ・試算表の作成、報告（会計責任者、理事長）
21～31日	・次月分勤務予定表作成	・介護報酬の入金確認（国保連合会） ・月末支払準備と処理
その他	・出勤簿の確認（毎日、管理者）	・会計往査を受ける（日程連絡、宿泊予約） ・備品台帳、修理台帳、書籍台帳、借入金台帳寄附金台帳等の台帳整備 ・小口現金、現金の管理（毎日）

図表1-3 ● 介護施設における業務の区分け

行動基準＼資源	人	物	金	情報
安全性・信頼性	○	○	○	○
迅速に・機敏に	○	○	○	○
やわらかさ・機転	○	○	－	○
説明・言葉遣い	○	－	－	○
笑顔	○	－	－	－
生きがい	○	○	－	○
やすらぎ	○	○	－	○
安心	○	○	○	○
透明性	○	○	○	○

2 人的資源のマネジメント

　人については、法律で定められた人員を確保し、定着させることが重要です。事務管理部門は人員配置基準、当法人独自の内部基準を満たしているか常に気を配り、不足した場合は速やかに求人します。マンパワーがなければ施設運営はできません。職員が生きがいを持って仕事ができるように環境を整え、研修計画を立てて人材を育成しやる気を起こさせることで、職員の定着を図ることが求められます。

3 物的資源と施設の管理

　物については、施設管理や物品の購入があります。施設の管理では、専門業者と保守契約を結び、法律で定められた点検・管理を委託しています。例えば、消防機器点検、レジオネラ菌水質検査、エレベーター点検などです（**図表1-1、1-2参照**）。

　また、火災保険に加入したり、消防訓練をして非常事態に備えることも必要です。

4 経理事務と補助金の活用

　金については、経理、介護報酬の請求や利用者への請求などがあります。当然、透明性を持って迅速に正確に対応することが求められますが、介護施設で気を付けておきたいものに補助金や助成金があります。

　開設時の補助金としては、建築や初度調弁（開設時に整備する設備品）の補助金や、事業開始前補助金があります。その他、ハローワークを通じて職員を雇用した場合の人件費の補助金、車両整備の補助金、

院内託児所の運営費補助、勉強会に対する補助などさまざまなものが公的機関やそれ以外の団体から配分され、当法人でもこれらの補助金をよく活用しています。

5 情報整理と関連法規の把握

　情報については、前述した人・物・金のすべてにおいて、いかに早く正確な情報を得ることができるか、また、得た情報をいかに早く的確に提供することができるかということが重要です。事務管理部門は内部と外部の情報を速やかに整理して発信しなければなりません。

　さらに、情報が集約する事務管理部門で働く事務職員は、その施設に関わるすべての法律や基準を把握しておく必要もあります。例えば、人事労務においては労働基準法などの法律（健康保険法、厚生年金保険法、介護保険法、児童扶養手当法、労働契約法、雇用保険法、パート労働法、最低賃金法、労働安全衛生法、他）、施設管理では消防法などの法律（建築基準法、浄化槽法、産業廃棄物処理法、廃棄物の処理及び清掃に関する法、他）、介護以外のさまざまな法律についても最低限の知識が必要とされ、同時に、法人の法律である定款をはじめ就業規則、給与規程、経理規程、運営規程、利用者との契約書、重要事項説明書等も十分理解しておかなければなりません。これらは現場で作ってしまいがちですが、基本的に管理部門で委員会形式により作成し、理事長に説明を行います。社会福祉法人等では理事会での承認が必要となります。

　これらの基本的な知識が事務職員になければ、外部から来た情報が必要なのか、至急なのかそうでないのか判断することができず、またどこに発信すればよいのかもわかりません。

　このようにして得た情報は、最終的には経営担当者に集めて経営判断に生かすことつながっていきます。理念に沿った施設運営ができるかどうか、事務管理部門の情報の収集力、発信力がかなり重要になる

とともに、なによりも事務管理部門への報告・相談・連携が最重要課題となります。

　以上のように、一般企業とは異なり、専門知識を持ってその仕事のみをこなしていればよいというのではなく、広く情報を収集し、理念の実現のために利用者および職員が安心・快適に過ごすことができる環境を提供することも事務管理部門に求められているのです。

　例えば、行政監査について説明すると、**図表1-4**のように、まず法人は行政から常に業務を広く視られているといっても過言ではありません。保険や税金でまかなわれる仕事は、特に透明性を持つことが大切です。

　何年かに1回立ち会い監査を受けると、当日口頭指導や、後日文書指導を受けることがあります。事務管理部門も、ケアの現場など、法人の部門として監査の対象となります。その対象となった部門ごとの情報をあつめ、他の施設とも連携し、問題解決や情報の共有を行い文書を行政に提出します。

　その後、現実に改善できているかどうかのモニタリングを行うところまで、一連のルールとして行います。事務管理部門は、この連携をとる役割を果たします。

図表1-4 ● 事務管理部門における情報整理のあり方

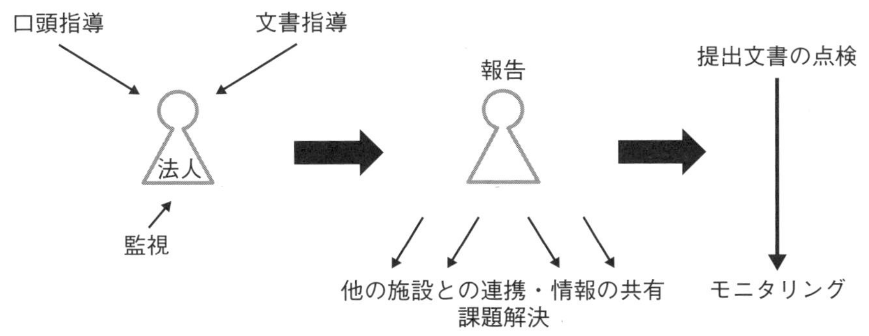

口頭指導　文書指導　→　法人　←　監視　⇒　報告　→　他の施設との連携・情報の共有　課題解決　⇒　提出文書の点検　→　モニタリング

4 介護施設の収入管理
（介護報酬の請求）

1 介護報酬の構造

　介護報酬請求の基礎となるのは、介護保険事業所として指定を受けた指定先に届け出た「介護給付費算定に係る体制等に関する届出書」です。毎月の請求は、その内容に沿うことになります。

　一度届出をすれば、後は機械的に毎月同じ内容で請求できる、というものではありません。毎月届け出ている体制等を満たしている必要があるわけですから、算定条件となる「人員配置」、「利用者（家族）への説明と同意」、「記録」について、毎月確認する必要があります。

　介護報酬は基本サービス費と、条件を満たすことによって算定できる加算に分かれています。加算はさらに体制加算と個別加算に大別されます（**図表1-5**）。

　当法人ではレセプトが終わると管理職が確認し、印を押します。そ

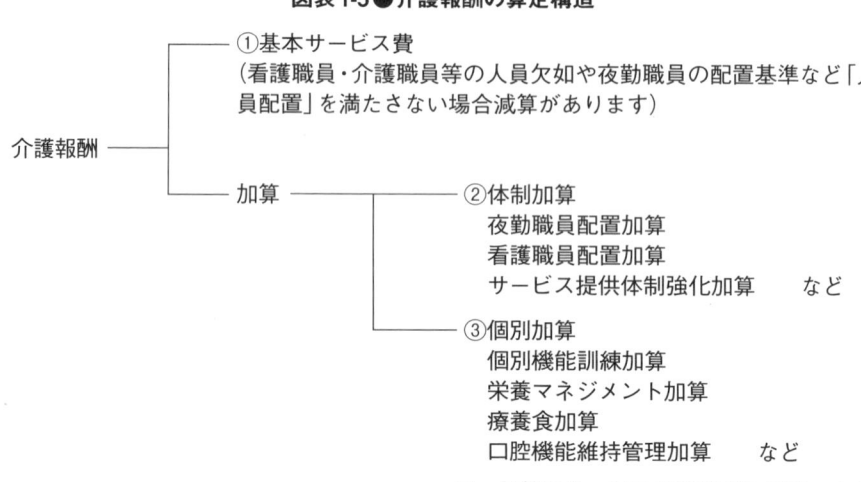

図表1-5●介護報酬の算定構造

介護報酬
├─ ①基本サービス費
│　（看護職員・介護職員等の人員欠如や夜勤職員の配置基準など「人員配置」を満たさない場合減算があります）
└─ 加算
　　├─ ②体制加算
　　│　　夜勤職員配置加算
　　│　　看護職員配置加算
　　│　　サービス提供体制強化加算　　など
　　└─ ③個別加算
　　　　個別機能訓練加算
　　　　栄養マネジメント加算
　　　　療養食加算
　　　　口腔機能維持管理加算　　など

※　加算はサービスの種類ごとに違います。

して返戻、減点等があれば事務部門で表にして、「なぜ返戻（原点）が起きたのか」という理由をつけて、管理部門に報告しなければならないとしています。

①基本サービス費は、厚生労働省令より施設の種類ごとに出されている「人員、設備及び運営に関する基準」の人員基準を満たしている必要があり、満たしていない場合は減算や指導の対象となります。

②体制加算は、人員を手厚く配置している場合や有資格者や勤続年数の長いベテラン職員を多く配置していることなどに対する加算であり、「人員配置」などが算定条件となります。

当法人では、「人員配置」は給与決裁の書類で職種ごとの最低限の人数を一覧表にし、その横に毎月の人員を記入することで確認をし、問題があればすぐに対応します。

③個別加算については、「利用者（家族）への説明と同意」を得て、加算を算定するためのサービスを行った「記録」があって、初めて算定できます。

2 請求事務における確認事項

加算算定にあたっては、それぞれに細かい条件があるため、一つひとつの条件を確認し、毎月その条件がすべてクリアできているかの確認が必要となります。

当法人では実際に請求事務を行うのは、各事業所の事務部門です。職員においては、算定、請求することができる根拠（法律や証拠書類）を自分の目で確認、理解をしておく必要があります。また、実際に看護・介護職員が何を行うことによって加算につながっているのかということも確認します。そうすることでダブルチェックすることができ、間違った請求、不正請求を防ぐことにつながります。また、必ず最後に事務長・施設長の決裁をもらい請求します。返却された請求は、その理由を勘案し再請求しますが、事務所でその流れを管理します。

(1)「国民健康保険団体(以下、「国保連合会」)」と「利用者」への請求

　毎月の「国保連合会」と「利用者」への請求については、請求の準備ができた段階で、上司(施設長、管理者等)に件数や金額を報告し、許可を受けてから請求を行います。

　介護報酬の請求については、上司への報告が重要となります。介護施設の収入のほとんどを介護報酬が占め、施設運営のための財源であることを考えると、とりわけ重要といえます。毎月確実に請求し、入金があり、その金額がどれだけとなるかを上司は確認する必要があるのです。そのため、レセプト請求の時の表紙印は上司が押さなければなりません。当法人ではその後、施設長・管理者は本部事務管理部門担当者に報告書を提出しなければなりません。そのことにより、事務管理部門は事務所ごとの総収入、レセプト返却数、利用者未収金等を把握しなければなりません。

　「国保連合会」への請求は、サービス提供月の翌月10日までに行います。その翌月(サービス提供月の翌々月)の末までに入金があります。「利用者」への請求はサービス提供月の翌月10日前後に行い末日までに支払いをお願いしています。通所介護など、一部では、利用日ごとに支払いをお願いしている場合もあります。

(2)請求に誤りがあった場合

　「国保連合会」への請求が間違っていた場合は、返戻(へんれい)で請求が戻される場合があります。また、請求後に間違っていることに気がついた場合は、過誤請求の手続きをとる必要があります。そういった場合も、まずは、上司に返戻や過誤になったことを報告し、指示を受けて再請求などの手続きを取ります。返戻や過誤が起きた場合、それがどうして起きたかを理解することで、今後間違いを起こさない対策を取ることができます。

　その返戻や過誤が最終的にどう処理されたか、証拠書類を持って上司に確実に報告をします。

(3) 入金と未収金の確認

　請求金額については、確実に入金があるかの確認が必要です。未収金を計上し、未収金の残高がある場合は、なぜ残っているかを精査し、上司に報告し、指示を受けます。当法人の場合、2か月目の未収に入ると、特段の報告を必要としています。なぜなら、この時期であれば、未収がたまったといってもまだ支払える総粋と考えられるからです。早い対処を心がけ、専門職につないで対策・相談にのります。

　利用者への請求は、毎月請求の一覧表を作り、入金があったら消していくという作業を行う等、未収がすぐにわかるようにしておくのがよいでしょう。当法人では、利用者に対しては、利用月の翌月中には支払いしていただくようにしていますが、月末に支払いがまだの方には声をかけています。遅れた場合は、支払いが遅れている理由を伺い、いつまでにお支払いいただけるかを話します。それでも遅れる場合、怠ることなく請求を続けます。未収金を生じさせない環境を作ることで、確実に未収金をなくしています。「国保連合会」と「利用者」へのどちらの請求についても、請求額と入金額が合っているかを、確実に見ていくことで、収入を管理しています。

　介護報酬の請求は、現場の職員の働きをお金に変えるという作業です。現場の職員のがんばりを思えば、間違いなく、抜かりなく、徴収もれのないよう、収入を管理しなくてはなりません。

5 介護報酬の改定への対応

1 改正前の情報収集

　2000（平成12）年4月に始まった介護保険制度は3年に1度、制度が改正（介護報酬改定）されています。改正への対応で最初に行うべきことは「情報収集」です。

　社会保障審議会介護給付費分科会で改正の議論を重ね、ある程度の骨格ができあがった時点で厚生労働省ホームページ等に掲載されます。しかしながら、多様な側面からの議論が必要なため、まとめあげるまでに長い期間を要し、改正内容が示されるのは改正日の概ね2カ月前になります（2012［平成24］年4月の改正内容が示されたのも同年1月下旬）。

　この頃に示された改正内容には、細かな点（解釈通知・Q＆A等）の記載はなく、不明な点も多々ありますが、改正日まで2か月しかないことを考慮し、介護保険制度の中で従事する職員としては、今そこにある情報から改正内容をしっかりと把握していくことが大切です。施設・事業所単位で見ると、管理者はもちろんのこと、介護長や主任などの中間管理職、家族との接点の多い介護支援専門員や相談員、請求事務を担当する事務職員等は、いち早く改正の内容に触れていくことは必要不可欠です。

　改定日の1か月前頃になると、指定・指導・監督権限を持った各自治体（都道府県など）が主催する集団指導（改正説明会）が実施され、Q＆A等が多く出始めることによって細かな点も明確になってきます。

この頃になっても、不明確な点がある場合は、事務管理部門が行政機関との連携によって、解釈の相違による人員基準違反や請求ミスを事前に防ぐことも大切となってきます。この時期に必要なことは「改正内容の熟知と周知」、「大きく改正される項目についての方向性の決定」です。法人幹部、事務管理部門の法人の方向性の決定を受けて以下を注意します。

・どう収入が変化するか
・どのように対応するか
・施設運営としての目玉はあるのか

　また施設・事業所単位でいえば、管理者や相談員等の改正内容を確実に把握した職員が、全職員に対して勉強会を実施したり、新しく新設された加算を算定するのか等を定めたりすることになります。つまり事業所別、全体の勉強会等を十分に行って、法人と事業所の意思の共有化を図り、決められた日までに所定行政所轄長へ届けなければなりません。

2　契約更新と収支試算

　次に必要になってくるのは事務的な作業となります。新設された加算項目を算定できるのであれば「介護給付費算定に係る体制等に関する届出書」を新たに都道府県などに届け出なければなりません。
　また、重要なこととして、制度改正時には利用者との契約内容が変更となるため、契約の更新が必要となります。特に、利用料金が変更する場合は、具体的な金額を示し、改定日までに、すべての利用者や家族等の契約者に対して、変更内容を説明し、同意をいただき、契約を更新しておかなければなりません。
　介護保険制度上の施設・事業所運営は3年ごとの制度改正によって

経営状況が大きく左右します。したがって、改正内容の骨格が示されたときから、しっかりと読み込み、改正後の経営状況はどのように変化するか等のシミュレーション（試算）を行い、増収・減収になる部分を把握していくことが必要です。その結果、減収の場合は、どのような対策を行うのかなど、対応策の協議も必要といえます。

3 より公正な介護保険制度のために

　制度改正の内容は、必ず現行の制度で生じた問題点が改正されます。そのような面から考えると、日頃から施設運営をする中で、疑問な点や公平性に欠けると思われる点などを把握しておき、必要に応じて、厚生労働省がホームページ等で募集する「介護保険制度に関する国民の皆さまからのご意見募集（パブリックコメント）」を活用し、より公平でより充実した制度設計の構築に参加することも重要といえます。

　そして、どのような議論が社会保障審議会介護給付費分科会で行われているかなどの情報をつかんでおくためにも、関連するホームページや機関誌、さまざまな団体（全国老人福祉施設協議会、全国老人保健施設協会等）が開催する勉強会や研修会に、積極的に参加することも大切です。

6 介護施設の経理
（現金管理・預金管理・予算と決算）

1　現金管理

　介護施設での現金管理には、小口現金（施設ごとの取扱現金）・窓口での現金収入（利用料、電話料収入等）・預かり金（入所者、職員）があります。現金の管理責任者は施設の管理者（施設長）になりますが、取り扱いは出納職員である事務職員が行います。現金を取り扱うときには十分な注意が必要となり、透明性を持って迅速で正確な対応、確実な記録が求められます。

　当法人では以下に注意して実施しています。

- ・鍵がかかる金庫に入れる　　・記録は必ず取る
- ・切手も現金として取り扱う　・1人では決してしない
- ・入金帳・出勤帳を活用し、できるだけ現金を動かさない

　以下、当法人における現金管理の方法について具体的に見ていきながら解説していきます。

（1）小口現金

　一般的に、小口現金は、日々の動きを出納帳に、その日の残高を金銭残高種別表に記録し管理します。

　小口現金の額は、当法人では定款準則に20万円（1事業所）までと規定されており（理事会決定）、各事業所規模に応じ20万円までの小口現金を持っております。

　当法人では、出納帳は事務職員が記入します。金銭残高種別表は、

1日の動きを集計し担当者が押印した後、施設長もしくは事務長が帳簿の残高と現金が一致するか確認して押印します。

小口現金の出金については、事務職員は領収書を確認し、購入者と購入目的を確認し、支払いが適正なものかどうか判断します。

出納帳と金銭残高種別表、領収書などの証憑を保管し、月末に集計して、会計処理時に小口現金を補充します。

(2) 窓口での現金収入

窓口での現金収入も同様に管理しますが、小口現金とは異なり補充はしません。

当法人では集金後、当日もしくは翌日に通帳に入金し、流用はもちろん、施設に現金を保管しない体制をとります。利用料の集金については、現金・振り込み・引き落としの方法があり、引き落としの場合、銀行と施設が契約し、事前に利用者に記入してもらった申込書を銀行に提出するという手続きが必要となります。この方法がもっとも安心であり、便利です。

(3) 預り金

預り金管理については、入所施設で入所者から現金を預かる場合と職員から現金を預かる場合がありますが、それぞれ他人のお金を預かっているという意識が大切で流用してはなりません。

当法人では入所者の預り金からは、医療費や物品の支払いを行います。管理は、相談員と事務職員が行い、毎月施設長に報告します。施設長に報告後、帳簿と領収書のコピーをつけて家族に報告をします。支払いの際は、相談員と事務職員が確認し、1人で出金しない体制をとっています。現金を預かるときも、複数名が確認し預り証に必ず押印するようにしています。

職員からの預り金には、休職中の職員の社会保険料の自己負担分等があります。また事業所が社会保険庁に届けることにより、育休中の社会保険料の法人・個人控除が可能になります。

入所者から預かる医療費や職員から預かる社会保険料は、施設で立て替え払いはせず、預かったものを支払うという体制をとり、回収漏れのないようにします。

2 預金管理

　預金管理については、出金の際の内部牽制体制を十分にとることが重要です。当法人では、預金通帳は現場の職員が持ち、印鑑の保管は理事長がしています。さらに支払は、2名体制で押印することで、1人の者がすべてを行わない体制をとっています。現在、預金はすべて本部体制とする案が出ています。間違ったからといって自分の持金で穴埋するようなことは、してはいけません。上司に速やかに報告し、問題を解決して、確実に訂正をかけましょう。

3 予算と決算

(1) 事業計画に基づいた予算案

　社会福祉法人の会計年度は4月1日から3月31日までの1年間です。予算は、計画的な施設運営を行うために、事業年度が始まる前の理事会に予算案を提出し、承認をもらう必要があります。理事会で承認を得ていないものは、予算書とは認められません。また、予算書は、その年度に行う事業、行事や修繕、備品等の購入、施設整備等、年間の事業計画が反映されたものでないといけません。事業計画には、事務部門だけではなくすべての職員が関わりますが、忘れてはならないのは、事務管理部門を中心に理事のもとで職員が関わり、策定されたものでなければならないということです。

　予算書もしかりです。担当者や事務管理部門のみの話し合いで作るものではありません。前年度の予算と事業計画を評価し、新年度の事

業計画を立て、予算を試算します。

(2) 補正予算

　事業年度が始まったら、事務職員は、予算の執行状況と収支状況を施設長または事務長に報告し、関連部署と連携を取りながら運営のあり方を見直し補正予算を組みます。
　このようなことからも、予算管理は施設運営の中で大きな意味を持っていると同時に、法人運営にとってなくてはならないものです。上部組織のあることを忘れてはなりません。

(3) 決算書の作成

　決算は、1年間の施設の事業の成果を表す成績表といえます。決算書は、注記、財産目録、貸借対照表、事業活動計算書、資金収支計算書で構成された施設運営の経理記録です。
　財産目録、貸借対照表は、3月31日現在の施設の財産について記録し、事業活動計算書、資金収支計算書は、4月1日から3月31日までの1年間の収支状況の記録となります。
　また、決算附属明細表として、3月31日の金銭残高種別表や銀行等の残高証明書、未収金・未払金等の明細表、固定資産管理台帳等を作成して、正確な経理記録として保管します。
　決算書は3月31日の会計年度終了から2カ月以内に作成しなければなりません。決算書が作成されたら、監事監査を受け、理事会で審議を受けます。予算書同様、理事会で承認を得ないと決算書とは認められないため、5月の理事会では、前年度の事業報告書とその経理記録の決算書が同時に審議されることになります。

(4) 資産総額の変更登記

　さらに、資産総額の変更登記も決算終了後2カ月以内にしなければなりません。理事会で承認を得た決算書の資産総額を法務局で登記します。つまり、決算書を作成後、監事監査、理事会、資産総額の変更登記を完了して決算作業が終了となります。

7 介護施設の施設管理
（建物・設備・備品）

1 施設管理の目的

　介護施設は高齢者や介護が必要な人々が生活したり利用したりする場所であり、またそれらの入居者や利用者に介護・食事サービス、機能訓練等を提供している多くの職員の働く場所でもあります。したがって、安全第一は何ものにも代えがたいことを肝に銘じましょう。「廊下が濡れている」、「電球が切れている」、「手摺りがガタガタしている」などの場面に遭遇したら、見つけた人が自分のこととして考え、すぐさま対応するという姿勢が不可欠です。

　それぞれの施設は、その目的や機能によって必要な規模の建物・設備・備品が整備されています。特に建物と設備には関係した法令が多く、適合していることが要求されるため注意が必要です。

　施設管理を適正に行うことの目的は、その性能や機能を維持し、財産としての価値を保つことにあります。そしてその管理状況は利用者が受ける各種サービスの質や、快適な生活につながり、ひいては施設運営にかかる費用の軽減化にもつながるものです。施設の安全性、施設目的のためにも計画的、継続的な施設管理を行うことが大切です。

　介護施設の施設管理責任者は施設長（事務長、管理職）が担いますが、責任を持って取り組むべき重要な業務であることを認識しなければなりません。

2 建物と大型設備

　建物および大型設備の維持、管理については、法人の経営方針や事業計画などに合わせ、計画したうえで行う必要があります。
　留意事項は、以下の通りです。

①土地・建物の基本財産台帳整備。特に借りている土地は、地図、期間、書類による条件など
②定期的点検を実施することで保全を図り、点検結果、そこから発生する修繕記録、取替記録、稟議の記録を記録する
③環境整備担当者を定め、職員、利用者等の意見を参考にする
④3年、5年等の年次的計画を立て、整備する財源を計画的に確保する
⑤災害のための自家発電機は運用ルールを設け、年に1度は試用し、「ものありき」にならないようにすることが大切です。

3 保安設備等

　保安設備等の管理については、利用者・職員の安全と質の高いサービス提供を図るためにも、各種点検を怠ってはなりません。まず点検する項目を定め、その責任者を決め定期的な点検を行うことが重要であり、点検結果は記録として保存する必要があります。
　当法人では定期的に見積りを取り、契約するとともにその保安検査が行われる内容をチェックします。

4 大型機器

　施設環境を保持するためには、施設設備の大型機器の点検管理を行

わなければなりません。大型機器の故障は施設環境に影響し、さらに出費もかさむためその対応には注意を要することが多いです。

大型機器には、①自動車、②冷暖房設備、ボイラー、貯水設備など、③浄化槽設備、④排水・湯水設備など、⑤防災・防火設備機器など、⑥冷凍冷蔵庫、ガスレンジ、炊飯器、食器洗い機などの厨房設備など、⑦大型洗濯機、乾燥機などが挙げられます。それぞれの機器についてメンテナンスを受けるには必ず相見積りの内容のチェックが必要です。

これらの大型機器については、耐久年数等から買い替えを計画的に行うことも必要です。また、買い替え費用を計画的に積み立てることも考えなければいけません。

5 施設管理の参考例

次に、参考までに、当法人の「介護施設内の建物・設備・備品に破損や異常があった場合の基本的な対応の流れ」を紹介します。

建物・設備・備品に破損や異常があった場合は、まず事務職員へ連絡が入り、事務長、施設長のもと報告書を作成します。

事務職員は破損・異常箇所を確認し、施設設備（破損・異常）報告書を持って施設長（事務長）に報告にいきます。

施設長は、施設整備報告書と事務職員の説明により対応を検討し、職員へ指示（修理依頼稟議書・報告書の作成や再調査依頼）を行います。ただし、3万円以上のものは稟議書が要るとしていますが、利用者や運営上支障をきたすような重大、緊急な場合に関しては直接、施設長に連絡が入り施設長が中心となり対応を行っていき、後に報告書を提出します。

また、当法人は以下のような対応も行っています。

備品については購入したら備品台帳、車輌購入の場合は自動車管理台帳や車輌使用ノート（使用した日付・使用者・行き先・使用距離を記載）を作成し、管理します。そして修理等の際には台帳に記入し、会計や備品・車輌管理に役に立つようにしておきます。

設備管理にあたっては設備管理マニュアルを作成し、管理する職員が替わっても、その管理が適正にできるようにしています。また、夜間等の設備異常時に、業者や管理責任者にすぐに連絡ができるように緊急連絡先一覧表を各部署に配置しています。

　破損させた職員が明確であり故意・過失が認められるものについては、該当職員と面接のうえ、職員が修理費の一部を自己負担するという内容の処理にする場合もあります。これは、何度も同じミスで物を壊す職員に物の大切さを教えて、注意を促すという意味があります。

　利用者が破損させた場合には、施設長または管理者（責任者）が利用者と話し合いを行い、基本的には全額利用者負担の処理となります。その内容によっては、利用者が納得しない場合もありますが、交渉した末に利用者全額負担が無理な場合は、破損内容や負担割合を明記した稟議書を作成し、事務管理部門内での稟議決裁のうえ修理や購入を行います。事業所外の企業とのやりとりは基本事務長・施設長のもとで行うとしています。

　グループ内の他の施設の同じ内容の購入や修理等があれば、調査し比較検討することも大切です。納得がいかない内容の見積書であれば、事務職単独で業者に購入や修理内容の聞き取り確認を行い、また値引き交渉も行います。

　施設建物自体や施設の浄化槽、厨房、ガス、水道設備など修理等については、内容によっては施設の建築設計士に報告して意見を聞くことや、場合によっては業者と工程や金額の交渉を事務長、施設長にしてもらうようにしています。

　施設建物内で水漏れがあった場合には、実際に水漏れが起こっているときに現地を確認するようにしています。雨漏りなど特にそうですが、乾いているときに見ても状況や状態がわからないからです。

　1～5までの事項において事務職員は機敏に対応しなければなりません。利用者の安全性、快適性を考え、職員の職場環境を考え、法人理念を心にしっかりと置き、対応することと生きた仕事をすることが大切です。

8 介護施設の人事管理

1 人事管理は福祉経営の要

　人事管理は、日々のサービス提供の担い手である法人の理念のもと職員を確保(採用)し、これを組織化(配属・育成・評価・活用等)して、適切・適正なサービス提供を行うことを目的とするものです。この人事管理の良し悪しは、日々のサービス提供におけるヒューマンウエア(サービス提供の担い手である職員やチームアプローチによるサービスの提供)の質を決定づけるものであり、法人理念のもと、①利用者が安全に快適にサービスを受けられる、②職員が心身ともに健康で働ける職場環境を整える、ことにおいてもまさに「福祉経営」の要といえます。

　経営管理者は、人事管理を経営管理の一環として位置づけ、職員の採用から退職までの個別的な管理と労使管理を含めた集団的な管理の両面について適切な仕組みづくりと施策を推進していかねばなりません。研修等における人材育成の管理も大切なことです。

　経営管理者と職員との関係は、雇用関係に基づいて行われるものですが、実際に市民社会の原理をそのまま適用したのでは、雇用する側と雇用される側との間で「対等」な関係が損なわれるため、さまざまな労働関係法規によって規制が定められているのが実際です。

　人事管理においては、まず基本としてこれらの関係法規を重要視しながら、人的資源の確保と効果的・効率的な活用を推進していかねばなりません。

　当法人ではまず①「心」、②「育てる」に重きをおき、コミュニケーショ

ンを大切にしております。まず、法人も職員もともに伸びるという視点が重要と認識しています。

2 利用契約制度への移行と発想の転換

　かつて、介護施設における人事管理は、措置制度のもと、措置権を持つ行政が基本的枠組みを決定し、必要な費用（人件費等）は措置費として全額支給されてきました。職員処遇の基準も公務員基準が原則であり、法人・施設の裁量権もほとんどなかった状態でした。人事管理は、措置制度の基準に基づいて適正に「運営」することが求められ、「経営理念に基づく人事管理」的な発想を持つ必要はなかった時代でした。このことが、人事管理についてのノウハウの蓄積を遅らせてきた要因の1つといえます。

　しかし、介護保険による保険上の利用契約制度に移行した現在、人事管理は、まさに経営の要と認識しなければならない時代となり、人を育て、チームアプローチを重要視するうえで新たな人事管理の理念が求められるようになりました。法人、職員としては利用者に選ばれるサービスを提供できるように、利用者は自分でサービスを選べるようにと転換しました。

3 組織を発展させる仕組みづくり

　また、福祉・介護ニーズの量的拡大や多様化・複雑化にともない、担い手の確保と養成が国家的な課題となっています。福祉サービス事業や福祉という仕事の社会的評価を高め、魅力と働きがいのある仕事・職場づくりに向けた人事経営努力が求められています。これからは法や制度・規則・規定等による拘束的管理という側面とは別に、共に働くということを通して管理者・職員という関係性から発展し、組

織体そのものをともに育ち合うファミリー体と捉える概念が求められています。

　これは、管理者は経営活動を通して自らのビジョン・目的を達成すると同時に、職員は仕事を通して自らのキャリアデザインを構築し、これを達成することで自立した職業人としてポジションを確立していくという、相互発展・具現化という考えです。この仕組みの質が高くなればなるほど、組織はそのロイヤリティを高め、管理者・被管理者という概念を超えて、組織の構成員全体が事業の発展に向け一体化した取り組みを始めるという現象が現れます。そこには、労働基準法や関連する法規に基づく杓子定規な行動とは、別世界の組織活動が展開されるようになります。

　これからの人事管理にはこうした視点が重要とされています。

　このためにも、人事管理には、納得性と公平性・透明性が必要とされます。このことは、職員の採用や定着、配置や異動、モチベーションや能力開発等人事管理のあらゆる側面で重要な要素となっています。

　また職員には、マイナス思考(できないことを挙げることから始まる発想)から脱却し、プラス思考(できることを挙げることから始まる)が重要となってきます。発想の転換が必要です。

　組織とは、できあがったものがあるのではなく、ともにつくっていくもので、そして変化していくものです。

9 介護施設の購買活動
（主な購買活動）

1 購買活動の方針

　介護施設の購買活動は、価格だけではなく現場の職員の意見も取り入れ、利用者および現場職員の立場に立ち、なおかつ経営的視点、法人理念に沿っているか、価格、仕入れ業者等も勘案し、事務管理部門を通し稟議書で発案、決定、検証の工程で行うことが大切です。当法人では3万円までは施設長決裁、それ以上は理事長決裁が必要です。

　基本方針としては、品質の確保ができ、利用者の快適さや職員の使い勝手を大切にすること、使用に関しては安全第一とし法律を遵守するということがあります。

　またその実施に当たっては、競争原理を導入し、優秀な新規事業者の見積もり参加の機会を拡大することにより、既存業者の競争を活性化させ、より低廉で適正な、品質の確保に努めることも当然ですが、地域の活性化にも考慮し、還元することも忘れてはならない視点です。

2 主な購買活動

（1）オムツ購買

　まず現場職員の意見を聞き、以下のようなポイントを第一に検討していくことが求められます。
①快適性（利用者個々に応じて皮膚トラブル、漏れ等がないか等）
②利便性（活動しやすいか等）

③職員の扱いやすさ
④コスト性(どれを優先するか)

(2) 食材および食器購買

　食事は利用者にとって一番の楽しみであると考えられます。嗜好調査をもとに現場職員の意見を聞き、栄養価も考えて献立を決定していきます。

　地産地消で季節を感じる旬のものの購入を心がけましょう。また、食材の原産地を知らせることにより、利用者や家族に安心感を持ってもらうことも大切です。

　取引業者の選定においては価格入札を行いますが、当法人では合同説明会で法人の理念・ルール等を説明してから行っています。品質保持のために2つの取引業者を選定し、定期的に仕入れ先を変更することにより、競争原理による品質の保持および費用対効果の向上を図るといったことも有効です。検食等で疑義が生じると、取引業者を二社に増やし定期的に仕入先を変更することにより二社による品質の向上を図ります。また1年に1回、取引業者の評価・選定を行っています。

　食材同様、食器も利用者に美味しく食事をしてもらい、元気になってもらうために大切なものであるので、購入するうえでは価格だけでなくデザイン、色合い等、「利用者の食欲を向上させることができるか」という視点も極めて重要となります。

(3) 書籍購買

　施設基準・介護保険制度等に関する専門書の購入が主体となりますが、図書管理台帳を整備し、「どの職種が」、「何のために」、「どのような本が」必要であるのかをつかんでおくことが大切です。書籍は、人事考課マニュアル等の各種マニュアルの作成、介護技術の向上、リスクマネジメントのあり方、また制度改正時に当たっては加算のとり方やQ&A、介護現場の時代の流れ等を把握するために利用します。また1人でも多くの職員が閲覧できるように、書籍の置き場(例:食

堂・事務所)、貸出方法(例:図書貸し出しカード等の作成)を明確にしておくことも不可欠です。

(4) 介護機器購買 (特に価格が高いもの)

　利用者および職員の使い勝手、安全性を一番に考えて購入する必要があるため、現場職員、医師、リハビリスタッフ等とよく話をして、何を購入するかを決めることが大切です。

　購入に当たっては、デモ商品やグループ内の施設で使用しているところがあれば体験してみるなど、実際の使い勝手について、現場職員らの意見を聞くことも大切になります。備品管理台帳で管理するということも当然のことです。

(5) 公用車 (リース) 購買

　車両のような高額なものは、必ずルールに従った決裁が必要です。事務管理職員の仕事と位置付けられる場合が多いと思います。

　介護施設で使用する車両は特殊な車両が多いため、現場の職員と話をして、「必要な座席数はいくつか」、「車椅子を積む必要があるか」、「スロープ機能やリフト機能は必要か」といった具体的な項目をできるかぎり明確にしたうえで見積もりを取る必要があります。

　また、車両に入れる施設名等の看板は、施設の広報として非常に重要です。文字の大きさや色等、よく検討したうえで決めることが求められます。購入したい車両が決まれば、購入するかリースするかも大切な判断となってきます。

　以上が介護施設における主な購買活動ですが、そのすべてにおいて共通して厳守しなければならないことは、納品の際には、各所属長は、注文書、納品物の検品および検証を行い、品質等の確保をするとともに、その結果を記録に残す必要のあるものは台帳に記録することです。

　台帳での管理は、購入・修理・廃棄に至るまで車両ごと、個別に管理する必要があります。

10 介護施設の委託契約
（委託会社の選定と契約）

1　委託会社の選定と契約

　各種委託契約を結ぶ際、基本的視点として重要なことの1つに、建物の構造に視点を置き、委託する内容を検討していくということがあります。建物は介護施設を運営するうえでの法律や法人の理念に基づき、それら特徴を活かした建物が建っているはずです。例えば、冷暖房の熱源（ガス、電気等）は何で、規模はどのくらいか、エレベーターのメーカーやメンテナンス業者はどこか、その他、掃除、自動ドア、防災等にも視点を置きます。

　またもう1つの視点として利用者に安心・安全・快適な生活を提供するため、職員の仕事のしやすさも考え、利用者、職員、機械の耐久性等の視点を踏まえたうえで何を委託するかということがあります。

　介護施設の事業経営を健全に行っていくために委託費支出の可能積算を行うことも大切です。

　これらの視点を踏まえて、どのような業務をどの程度委託するのかなどを組み入れながら委託業者を選定することが不可欠です。当該委託業務に関して、実績のある業者を最低3社程度は選定し、見積もり合わせ（入札等）を行い、業務内容や必要経費を比較検討することも必要でしょう。

　コピー機やファクシミリ等の事務機器のように、商品が単品のものについては取扱業者を調べ、見積もりを提示してもらい、金額を比較し業者を選定することができます。しかし業務委託は、単純に金額のみを比較しても業務内容と事業所の業務希望にそぐわなければ契約に

は至りません。まずは、事業所側が委託業務において何をどこまで行ってもらいたいのかを明確にして、相手業者にその意向を伝え、契約業務内容を双方で明確にすることが重要です。

例えば、給食業務を委託する場合、見積もり業者に試食会を実施してもらい、実際の味の比較検討を行うなどの対応が必要です。そのうえで職員の体制、事業所側からの要望等に対し業者がどのように対応するのかなどを比較検討し、金額の交渉を行います。金額が安くても業者が提示する業務内容が事業所の要望にそぐわない内容なら契約は成立せず、この意味からも総合的な判断が必要となります。

また、建物全体を対象として、各種業務を一括委託することでコストダウンを図り、業者との煩雑な関わりを解消するという発想も必要です。

委託は、恒久的なものではなく、職員のスキルアップにより廃止し、自らの事業所で賄っていくようにするという計画的なコスト意識も必要とされます。

社会福祉法人モデル経理規程には「契約に関する事項」に一般競争契約、指名競争契約、随意契約が規程されています。基本的には、一般競争入札に付するとなっていますが、合理的な理由があれば指名競争入札、随意契約が行えます。予定価格が工事または製造の請負の場合250万円、食糧品・物品等の買い入れの場合160万円、それ以外の場合100万円を超えなければ随意契約が行えます。業務委託においても「契約書」を締結します。必ず理事長決定の後、理事会承認を受けます。

契約の内容については、委託内容の確認、双方の義務と権利など、時間をかけて双方の納得のいく契約を取り交わし、将来のトラブル回避への対応も考えて結ぶことが重要です。

2 介護施設の委託業務

介護施設の委託業務については、**図表1-6**のような委託等が挙げられます。

図表1-6●介護施設における委託業務（例）

保守点検に関するもの
・エレベーターの保守管理 ・自動ドアの保守管理 ・消防設備の保守・点検 ・電気設備の保守・点検 ・浄化槽の点検
衛生管理に関するもの
・害虫駆除業務 ・清掃業務 ・植栽業務
事務作業に関するもの
・給与計算 ・会計管理 ・国保連請求事務 ・ホームページの作成
人材に関するもの
・人材派遣 ・調理業務の委託

11 事務職員の心構え

1 経営理念に沿って行動する

　当法人では、利用者に住み慣れた地域で、いつまでも安心して暮らしていただくために「地域に根ざした利用者様中心の保健・福祉の総合的サービスの提供に努めます」という経営理念を掲げています。事務職員に限らず、仕事をするうえでの第一の心構えは、法人の経営理念を理解し、その経営理念に沿って行動をするということです。

　事務職員も、介護施設でより良いサービスを提供するために働く一員です。利用者中心の良いサービスの提供は、施設職員だけでできるものではなく、利用者やその家族の協力があって初めて実現します。

2 法人の仕事のルールを守る

　まず、笑顔を絶やさず正直で誠実に、明るい声で等、基本事項を中心に、報告・連絡・相談を怠らず、ルールを守って透明性のある仕事をしなければなりません。

　また、上司や利用者からのメッセージは胸に落としてプラスに考えるということも大切です。

3 利用者らとよりよい関係を築く

　利用者やその家族との関係を築くことが重要となりますが、直接処遇する職員だけでなく、事務職員もその一員となります。

　施設の受付、電話応対など最初の窓口としての事務職員は、明るくハキハキと、正確に明確な言葉で受け答えし、わからないことは即上司に聞くことが大切です。介護保険制度は決してわかりやすいとはいえず、利用者やその家族もよく理解したうえで相談に来られる人は多くありません。相手の立場に立ってみれば、自然と親切で丁寧な応対をするようになります。

　また、毎月の請求書の送付や、イベントへの案内など、事務職員が窓口となり利用者やその家族の応対をすることは少なくありません。そんなとき、利用者や家族を覚え、笑顔の挨拶や親切な応対をしていると、利用者に安心感を与え、必ず信頼を得ることにもつながります。信頼を得るということは、自分が認めてもらえているということでもあり、それはやりがいにもなります。

　介護施設では、利用者の予期せぬ事故やトラブルが起こることもあります。そういった際には、適切な処理や報告も重要ですが、日ごろの関係も重要となります。同じ介護事故が起こったとしても、関係がうまくいっている場合とそうでない場合とでは、その後の施設との関係も違ってきます。リスクを回避するためにも、利用者や家族との関係は日ごろから大切にする必要があることを事務職員も心がけることが求められます。

4 介護施設のジェネラリスト

　すべての職員が気持ちよく仕事ができる環境を整えるのも、事務職員の仕事です。人事労務、施設管理、経理、介護報酬請求など、専門

知識を要求されることが多くあります。

　特に介護保険制度については、介護報酬の請求にあたって法律や省令などによりさまざまなしばりがあり、それをすべて理解しておかなくては請求を間違えてしまうことがあります。介護報酬の請求は施設の収入の中でも重要であり、正確性を求められます。このように、事務職員の仕事の多くは、法律などにしばられていることが多くあります。疑問に思うことは、必ず法的根拠を確認するという姿勢が重要となります。

　また、事務所は、業務が広範囲にわたる分、法人情報・利用者・職員の個人情報や金銭に関することなど重要な情報が集約される部署です。事務職員は、業務上知り得たことに対する守秘義務があり、個人情報保護法第20条や法人の就業規則、誓約書等で定め、十分理解し、在職中または退職後も決して口外してはなりません。

　前述しましたが、上司への報告・連絡・相談は基本となりますが、すべてに対して正直で誠実に対応することも重要です。

　当法人では、事務職員は一般的な事務員の制服は着用せず、動きやすい服装でスリッパではなく靴を着用するようになっています。それは、事務職員であっても利用者が困った時、介護の手が足りない時に車椅子を押すなど簡単な介護には対応できるように、また緊急時の送迎などに関わることもできるようにするためです。事務職員であっても、利用者の話し相手や相談相手になるという姿勢が必要であり、デスクワークのみをしていればよいというものではありません。施設職員がいるというよりも地域の人がいるという印象も大切にしています。また内容を伝達しなければならないことはきっちり伝達し、敬語の使い方を間違えてはいけません。

　介護施設の事務職員は、事務のスペシャリストではなく介護施設のジェネラリストであることが求められるのです。

12 利用者・家族との接し方

1 訪問者への対応

　当法人では、笑顔、挨拶を大切にしています。職員は「大きな声ではっきりとそして、笑顔で対応すること。自分たちが、気持ちよく挨拶することが、相手に対してもここちよい伝わり方をする」という理事長の言葉を心にしっかりと刻んでいます。そして、理念にも書かれているように、「利用者・家族の声をしっかり聞くこと」を、念頭に置き仕事をしています。

　利用者や家族が玄関に入ったとき、一番先に対応するのは事務職員です。誰が訪問してきても、立ち上がり、素敵な笑顔で挨拶することが求められます。そして、相手が、話しかけやすい雰囲気を作り上げるよう心がけることも必要です。また高齢の方は、身体状態を見ながら、お手伝いが必要と思われる場合は、すぐにそばに行き必要な援助を行うことも大切な役割です。当法人では事務職員であっても、いつでも必要な時には介助等で動けるよう、服装も動きやすいもので、上靴を使用し、長い髪もまとめるよう指導しています。

2 質問への対応

　誰に対しても、聞く姿勢を持ち、しっかり耳を傾け、伝えたいことをしっかり聞くことに努めます。そして、相手がわかりやすいように説明をすることを心がけるようにしましょう。

相手から聞かれたこと、問われたことに対しては、その方に直接回答することを忘れないようにすることが欠かせません。誰かが間に入ると、話が違って伝わったり、伝わってなかったりすることがあるので注意が必要です。

3 電話対応

　電話は明るく受け、(受けた人の)所属と名前を名乗り、相手の要件をメモ書きするというのは当たり前のことでしょう。また、電話対応は、相手が聞き取りやすいよう、ゆっくりはっきり話すことが基本になります。現場の介護・看護・相談員から家族に連絡を入れた時(留守番電話等)は、家族から折り返しのご連絡があった際、まず、事務職員が電話を取ることになります。そこで混乱することのないよう、「○○さんに電話してありますので、連絡があったらお願いいたします」と事前に連絡をもらう、受ける等のルール作りが大切です。そして電話があり次第、すぐ担当にまわせるよう気をつけます。緊急の連絡をしたい場合があるからです。連携は緊急の場合かそうでないのかの判断や行動にも大切です。

　電話を長時間待たせるようなことがある場合は、保留のままにせず、折り返し連絡ができるよう、連絡先・都合の良い時間等を聞いておくことも大切です。相手が嫌な気持ちにならないような伝え方に気をつけることはいうまでもありません。

4 作成した書類を理解する

　利用料請求にあたっては、利用者の身体状況等をある程度理解し、「この方にどうしてこの加算がついているのか」といった内容を把握することが求められます。疑問に思うことは現場の職員にも聞き、事

務職員自身が理解したうえで、その請求を行うことが大切です。理解していないままに請求すると、利用者から質問があったときに答えられず、不信感を持たれてしまうことにもなります。

また、利用料の支払いに来られた際に、質問されたことについて説明できるようにしておくためにも大切です。自分たちが作成した請求書に責任が持てるように内容を理解しておくこと、疑問があれば他職種に確認をしておくことが必要になります。

事務職は直接的に介護の仕事に関わりはありませんが、介護の現場で実施されたサービスを収入・支出に変えていくのが事務職の仕事です。そのため、常に現場の介護スタッフ・看護スタッフ・相談員・栄養スタッフ・リハビリテーションスタッフ等と連携を取り、間違い・抜かりのないように、資料・書類の作成を行っていく姿勢が必要となります。

13 リスク管理

1 介護施設におけるリスク
（ヒヤリハットの段階での対応が大切）

　介護施設においては「火災」・「地震」・「津波」・「風水害」・「転倒」・「誤嚥」・「嚥下障害」・「褥瘡」・「虐待」・「行方不明」・「感染症の発生」・「食中毒」・「交通事故」・「設備故障」など多くのリスクが存在します。
　一番大切なのはリスク防止方法を定めて実行し、リスクを未然に防ぐことですが、万が一、リスクが起きてしまった場合はその管理方法を事前に定めておき、リスクの低減、回避を図れるようにすることも大切です（マニュアルの作成）。また、リスクは必ず起こるものという危機意識を絶えず持つことは重要です。
　リスク管理は大きく分けて2つの場面があります。リスクが起きていない時と、起きてしまった時の2つの場面の管理です。言い方を変えると通常時と異常時ともいえます。

2 通常時のリスクマネジメント

　通常時にすることは、以下の通りです。
①それぞれの介護施設において想定されるリスクの一覧表を作成する。
②個々のリスクに対して、発生した時の対応策を定めておく。
③リスク発生時の想定訓練等を行い、リスクの低減、回避を図れるようにする。

④個々のリスクに対応する点検、調査（リスクの監視）を行うことでリスクを予防する。
⑤リスク管理マネジャーを選任しておく。介護施設では施設長（管理職）が行うが、リスクが施設の範囲を超える場合はリスク管理委員会、法人本部への報告で対応することになる。
⑥建物の火災保険、施設利用者に対する賠償責任保険、自動車任意保険に加入しておく。保険には期日があるため期日管理は厳正に行う。

　介護施設の例を挙げると、「転倒の危険性のある利用者を事前にピックアップし、できる限り見守りや付添いを行う」、「転倒事故が発生した場合の対処法を定めマニュアル化しておく」、「ヒヤリハットがあったときにその情報を職員と利用者家族とで共有することでリスク回避に役立てる」などです。これらがリスクを未然に防ぐ管理方法です。

3 異常時の対応

　何よりもまず人間関係を重視、誠意ある態度が大切です。異常時にすることは、安全の確保、現状の把握、対策本部の設置、被害拡大の防止、リスク回避、関係機関への連絡、マスコミへの対応等です。リスク発生時の基本的な対応は、通常時に決めておく必要があります。
　介護施設の事故例を挙げると、「利用者が、職員が目を離した瞬間に転倒し、痛みの訴えが聞かれる。そのため、事前に定めてあったマニュアル通り、管理者・家族・主治医に連絡し、医療機関を受診した」などです。これが起きてしまったリスクに対しての管理方法です。マニュアルは大切ですが、理念に沿った"心""人"を大切にした対応を息吹として吹き込んでほしいと思います。
　起きてしまったリスクに対しては迅速な対応を行わなければ、利用者や家族の信頼を失うなどのさらなるリスクに発展する可能性があります。そのようなことを十分理解したうえでのリスク管理が必要です。

14 防災

1 災害発生時の対応

　災害が発生したときの対応としては、「起こった災害の現場把握」、「安全第一の行動をとる」、「直近1、2日の目線で対策を考える」という3つが基本となります。

　防災には、人災、火災、水害、地震等に対応するものが主となりますが、事業所の防災対策を進めることにより被害を最小限にとどめることは可能です。そのため、あらかじめ準備しておくこととしてマニュアルの作成があります。基本的な防災対策として、以下のようなものがあります。

（1）事業所内の避難確保・安全確保

　震災時は備品倒壊の恐れがあり、避難口が塞がれ屋外退避が困難となることが想定されます。そのため、消防法第2章の第8条2の4にて避難口半径2メートルには備品を置かないことが決められています。

　また、パソコン・複写機などの機器の移動防止、キャビネットなどの高さのある什器類の転倒防止のための方策をとっておくことも不可欠です。

（2）避難誘導ツール

　避難時は被災による動揺と周囲の騒音により、夜間の場合は停電等で誘導員の指示や相互の確認が難しくなることが想定されます。

　そこで、拡声器や無線機を準備し、避難誘導を円滑に行う必要があ

ります。

(3) 避難経路の確保

　震災時には停電になることも予想されます。暗闇の中、安全かつ迅速に避難するため、電気を使わない高輝度蓄光式避難誘導製品などを階段や廊下に貼付するほか、消火器や非常持ち出し品、扉やガラス面などの必要な箇所にも貼付し、必要備品などの配置位置を明確にすることも大切です。

(4) 安否確認・行動指示

　利用者、職員の生命と財産を守るため、安否確認と行動指示の必要があります。核となる事業の早期再開、継続あるいは早期復旧を行うために、災害用伝言ダイヤル（171）のような安否確認サービスを利用するなどして、全職員の安否確認と現状確認を行い、非常呼集や自宅待機などの行動指示を行うことも必要です。

(5) 情報管理

　災害時は仮設事務所での業務継続を考慮し、持ち出しパソコンの情報管理が必要となります。その際、持ち出しパソコンからの情報漏洩には十分な注意を払うことが求められます。パソコンの不正使用、情報漏洩の抑止対策を行うことも必要です。

(6) 安全、水、保温、食糧、情報管理

　最低でも3日分の食料や水、救護用品を準備し、備蓄食品については、購入リストを作成し、食品名、賞味期限、購入総数等を記載し管理する必要があります。また非常食マニュアルを作成し、非常食用献立表・非常食の食品別栄養成分値を作成しておくことも有効でしょう。
　非常用備品においても備品一覧を作成し、備品名、内容、購入先、保管数を記載して管理することが求められます。備蓄食品については、賞味期限を常時把握し、期限前には給食にて使用するといったことも

考えておく必要があります。当法人では納涼祭等に使用しております。
　また、備蓄品のなかには簡易ガスボンベやコンロといった熱源も含まれています。

(7) 電源の確保

　災害時には電気の供給が止まることも考えられます。非常電源がどのくらいの時間もつのかを把握しておくとともに、ポータブル自家発電機を用意しておくなどの対策も必要になります。

(8) 災害対策組織の整備

　災害時の役割分担を明確にするとともに、行動マニュアルを作成しておきます。特に役割分担については、職種や部署の枠にとらわれることなく、「誰が何をするのか」を明確にしたうえで、全職員にしっかり周知することが求められます。

(9) 継続的な防災訓練の実施

　関連事業所との合同訓練を実施します。訓練内容には初期消火、非難、誘導、救出、応急救護などが含まれます。
　実際の災害時に落ち着いて行動できるように、訓練時にはスプリンクラーの位置・操作方法、消火設備の設置場所の周知徹底を行います。非常放送マニュアルも作成・整備しておき、訓練時にマニュアル通りに進めてみることが重要です。
　定期的な訓練を行う場合には、「毎月第1木曜日」といったように期日を決めて行うことも効果的ですが、曜日を固定してしまうとスタッフのシフトや利用者、家族の動きなども同じになってしまうことがあります。曜日よりは日付を指定するほうが、より多くの方が訓練に参加できるようになります。

確認問題

問題1 次の文章で正しいものに○、誤っているものに×をつけなさい。

①事務管理部門には、組織内部と外部の情報を速やかに整理し、的確に発信する役割がある。

②介護保険事業所として一度指定を受けても、常に届出通りの体制等を満たしている必要があるため、毎月確認する必要がある。

③3年に1度行われる介護報酬改定では改正日の2か月程前から改正内容が示されるが、最終的なものが出るまでは情報に左右されないようにする。

④介護施設における購買活動では、現場の職員の意見は価格に対する意識が低いため参考にしないほうがよい。

確認問題

解答1　①：○　②：○　③：×　④：×

解説1

①人・物・金についていかに早く正確な情報を得ることができるか、その情報をいかに早く的確に提供することができるかは、事務管理部門の大切な役割の1つである。

②一度届出をすれば、後は機械的に毎月同じ内容で請求できるというものではない。算定条件となる人員配置や記録等を毎月確認する必要がある。

③最終的に確定したものが出てから動くのでは遅すぎるため、いち早く改正内容にふれ、その時点の情報から内容をしっかりと把握していくことが求められる。

④実際に使用する現場の職員の意見を取り入れ、利用者と現場職員の立場で考えたうえで、経営的視点等に沿っているかどうかを考えていくべきである。

第2章
人事・労務管理

1. 労使契約
2. 職員の職種
3. 職務分掌
4. 採用計画
5. 休暇の取り方・与え方
6. 報奨制度
7. 休職・退職
8. 表彰制度と懲戒
9. 労働組合

1 労使契約

1 労使契約とは

　雇用契約とは、当事者の一方が相手方に対して労務に服することを約束し、相手方がこれに対し報酬を支払うことを約束する契約です。

　介護施設の場合を考えると、入居者や利用者が快適に、安全に、そして安心して生活できる施設を構築し、そしてより質の高いサービス提供を行うために、その労務に就く職員を雇用しその労務の対価として給与・賞与を支払うことを約束する契約であるといえます。

　したがって、雇用契約により施設（法人）側は、雇用した職員に対し条件どおりの給与を支払う義務が発生します。一方、雇用された職員には任された業務を果たす義務が発生するわけです。

　また、雇用契約はその施設目的を達成してくれる大切な職員との契約であり、入職してからも気持ちよく働いてもらうためにも、法律上定められたことは守らなければいけません。

　以下に雇用契約にあたって注意すべき事項を記載します。

①使用者が労働者を採用するときは、賃金、労働時間その他労働条件を書面などで明示しなければならない（労働基準法第15条）

②使用者は、労働者に提示する労働条件および労働契約の内容について、労働者の理解を深めるようにしなければならない（労働契約法第4条1項）

③労働契約の労働条件は、就業規則で定める基準に達していなければならない（労働契約法第12条）

④労働契約の期間は、期間の定めのないものを除き、一定の事業の完

了に必要な期間を定めるもののほかは、3年を超えてはならない（労働基準法14条）

2 職員の権利と義務（正規・非正規）

　職員（労働者）の権利と義務に関しては基本的には2つの視点があります。1つは「労働基準法」に定められた法的権利と義務であり、もう1つは「労働法」に抵触しない範囲で結ばれた雇用契約関係をもとにした、各組織の「就業規則」・「労働協約」において明記されたものが挙げられ、労使間において雇用関係が成立した時点から発生します。

　また、職員の権利と義務も発生しますが、個々の職員の職務や職階において異なってくるものです。

　ただ現実的には、企業というものは人々の集まる有機的組織体です。職員が組織の中で権利を認めてもらうには、組織に定められたルールを守る、あるいは実行することが同時に求められます。職員各自が自らの権利のみを主張すれば、組織が崩壊します。このため権利を行使するためには守り、実行しなければならない組織側のルールがあり、これを義務といいます。

　つまり、権利を主張するためには果たすべき義務があり、これは表裏一体のものです。さらに言い換えれば、義務を果たすことができない職員は権利を主張できないということになります。職員の中には、正規・非正規職員が存在し、当然のことながら勤務時間や賃金・労働条件等は相違します。

　このため互いの組織内での権利と義務の違いも生まれますが、それぞれに定められた義務を果たさなければ、権利は主張できないという基本的な考え方に変わりはありません。そして、これらの権利と義務は、法人の理念に添った利用者本人や家族様のサービス提供という基本概念の上に成り立つということが前提であることを忘れてはなりません。

ただ、権利と義務に関して、これを単に雇用する側、される側という相対的な中で、労働法規上の権利と義務を双方が主張していれば、組織は無機質な作業集団になってしまいます。権利と義務は、もともと双方が成長・発展・目標達成など自己実現をするために存在することを忘れてはなりません。

　何のために権利を主張し、その権利がどのような効果に繋がっていくのか、義務を果たすことで何を得て、それを成長に繋げていくのかを考えなければ、権利も義務の行使もその場かぎりの損得感情に終わってしまいます。

2 職員の職種

1 介護施設で働く職員の職種

　介護施設の建設、運営においては、施設の種別によって根拠となる法律・基準・通知等があり、それに従って居室等の整備や人員配置をしています（**図表2-1**）。

　職種は大きく分けて①管理、②介護、③看護、④相談、⑤ケアマネジャー、⑥栄養、⑦事務、⑧その他（医師、リハビリ、洗濯、掃除等）の分野で分類できます。以下、それぞれの職種について見ていきます。

(1) 管理

　施設・事業所を管理する者で、施設長・所長が行います。大きい施設は事務長が補佐として置かれていることもあります。施設の種類によっては、管理者（介護保険法上の名称）が他の施設を兼務したり、同一施設の他の職種を兼務することもあります。

　介護老人福祉施設などは、施設長は職種によっては社会福祉施設長資格認定講習研修の修了者である必要があったり、認知症対応型共同生活介護事業所は職種を問わず認知症対応型サービス事業管理者研修の修了者でないと管理者になれないなど、施設によって管理者になるための要件がある場合があります。

(2) 介護

　介護職員、訪問介護員、支援員が行います。介護職員の中で介護福祉士、社会福祉士の資格取得者が一定の割合を超えると、介護報酬の

図表2-1 ●介護施設で働く職員の職種

施設種別 \ 職種	①管理者		②介護			③医療					
	施設長	管理者	ユニットリーダー（ユニット型の場合）	主任支援員	支援員	介護職員	看護師又は准看護師	医師（内科・歯科・精神科）	薬剤師	理学療法士	作業療法士	歯科衛生士
介護老人福祉施設	○		○			○	○	○（嘱託医）				○
養護老人ホーム	○			○	○		○	○（嘱託医）				
ケアハウス	○					○	○	○（嘱託医）				
介護老人保健施設		○				○	○	○	○	○	○	
短期入所者生活介護	○					○	○	○（嘱託医）				
短期入所者療養介護						○	○	○				
特定入居者生活介護		○				○						

施設種別 \ 職種	①管理者	②介護	③医療	④相談	⑤ケアプラン		⑥栄養
	管理者	介護職員	看護職員	相談員	介護支援専門員	計画作成担当者	（管理）栄養士
認知症対応型共同生活介護	○	○	○			○	
小規模多機能型居宅介護	○	○	○		○		

施設種別 \ 職種	①管理者	②介護				③医療					
	管理者	オペレーター（看護師、介護福祉士他）	訪問介護員	サービス提供責任者	介護職員	看護師又は准看護師	保健師	医師（内科・歯科・精神科）	理学療法士	作業療法士	言語聴覚士
訪問介護	○		○								
夜間対応型訪問介護	○	○									
訪問入浴介護	○			○							
訪問リハビリテーション						○		○	○	○	
訪問看護						○	○		○		
通所介護	○				○						
認知症対応型通所介護	○				○						
通所リハビリテーション	○				○			○	○	○	

機能訓練指導員（理学療法士、作業療法士、言語聴覚士、看護職員他）	④相談		⑤ケアプラン		⑥栄養	⑦事務		⑧その他		備考
	主任生活相談員	生活（支援）相談員	介護支援専門員	計画作成担当者	（管理）栄養士	調理員	事務員	洗濯員	理美容師	
○			○	○	○	○	○	○	○	
	○	○			○	○	○		○	
			○		○	○	○		○	
		○	○		○	○	○	○	○	
○			○		○	○			○	
		○			○		○		○	
○		○		○					○	

⑦事務		⑧その他			備考
調理員	事務員	運転手	洗濯員	理美容師	
				○	計画作成担当者（介護支援専門員の場合がある）

機能訓練指導員（理学療法士、作業療法士、言語聴覚士、看護職員他）	④相談	⑤ケアプラン	⑥栄養	⑦事務	⑧その他			備考
	生活相談員	介護支援専門員	（管理）栄養士	事務員	運転手	洗濯員	理美容師	
								管理者（保健師又は看護師）
○	○			○				
○	○			○				
				○				

加算を請求できますが、多岐にわたり、また制度改正等もありますので、加算、配置基準の詳細については専門書をお読みください。

訪問介護員も、同様に介護福祉士、実務者研修修了者、介護職員基礎研修修了者、1級課程修了者の割合が一定を超えると介護報酬の加算を算定できます。

(3) 医療

医師、薬剤師、看護師、理学療法士、作業療法士、言語聴覚士、機能訓練指導員、歯科衛生士等が行います。

介護老人保健施設は介護保険法に定める人員基準により医師の配置が必要ですが、介護老人福祉施設においては嘱託医で構わないとされています。当法人の介護老人福祉施設では、常勤の嘱託医を配置し、入所者の健康管理を行っています。また、精神科医に来てもらうことで介護報酬上の加算が算定できています。

このように医務室を設けて嘱託医を配置する施設の場合、開設前に所轄の保健所に診療所の申請を提出する必要があります。

規模の小さい認知症対応型共同生活介護事業所などは医師の配置はありませんが、協力医療機関を決めて定期的な往診を受け、入所者の健康管理に努める必要があります。

薬剤師は介護老人保健施設で適当数が必要となります。理学療法士、作業療法士、言語聴覚士はすべての職種が介護老人保健施設には必要ではありませんが、利用者の障害に応じて必要な機能訓練指導員が担当します。

機能訓練指導員は、老人福祉施設等で機能訓練を行うことができる者で、理学療法士、作業療法士、言語聴覚士、看護職員、柔道整復師、あん摩マッサージ指圧師のことをいいます。利用者ごとに計画を立て機能訓練を実施します。機能訓練指導員の配置によって、介護報酬の加算を算定できます。

歯科衛生士は基準上必要ではありませんが、当法人の介護老人保健施設、介護老人福祉施設では、以前から歯科衛生士を雇用し、利用者

の口腔ケアに力を入れています。これからの口腔ケアの重要性を考えると、介護報酬上の加算を取得するための必要人員となってくると考えられます。

(4) 相談

利用者や家族の相談に対応するのは相談員です。施設によっては、生活相談員、支援相談員ともいいます。現在は資格を有していなくてもできますが、当法人は有資格者の採用を心がけており、社会福祉士が多くいます。社会福祉士の資格がない者は、通信教育等で所定の期間勉強し、資格を取得しています（認用社会福祉主事で社会福祉士の受験資格を持つことになります）。

(5) ケアプラン

利用者のケアプランの作成は、介護支援専門員、計画作成担当者が担います。また施設においては、施設にいる介護支援専門員（ケアマネジャー）が、計画作成担当者として施設利用者のケアプランを作成します。在宅においては居宅介護専門員がケアマネジャーとして利用者のケアプランを作成します。

認知症対応型共同生活介護事業所では、計画作成担当者は認知症介護実践者研修修了者であればできますが、ユニット数によって介護支援専門員が計画作成担当者をしなければならない場合があります。

(6) 栄養

利用者の栄養を管理するのは、管理栄養士（栄養士）や調理員です。管理栄養士を配置することで介護報酬の加算を請求できる種別の事業所もあります。調理員は調理師の免許を有する人を雇用するようにしていますが、当法人には資格がない者もいます。

(7) 事務

施設の事務を担う者で、事務職員が該当します。施設の規模によっ

て事務長を配置しています。事務長は人事労務に関することや、行政への届出、苦情解決、各種契約や施設管理・修繕等を主に担当しています。事務職員には特に資格は必要ありませんが、簿記やレセプト請求事務を修得する、またワードやエクセル等パソコンが扱えることは必須です。

(8) その他

　運転手、洗濯員、理美容師等、多くの人材がいます。当法人ではデイサービスセンターの送迎を担当する運転手は、朝と夕方に勤務するパート職員ですが、安全に配慮してバスやタクシーの運転歴のある方を雇っています。

　洗濯員は、利用者の洗濯を担当するパート職員を雇用し、家庭での感覚を大切にしながら担当してもらっています。日中、利用者の衣類等を洗濯しています。シーツなどリネンの洗濯は専門業者に委託し、より専門的な技術でたくさんのものを1度に洗濯してもらうようにしています。

　理美容師は、施設で雇用しているのではなく、顔の見える接遇を大切に外部の理美容師が週1回、施設を訪問し利用者の散髪をしています。

　以上のように配置基準で必置な職員から施設が独自に雇用している職員まで、さまざまな職員が関わり、介護施設を支えています。

3 職務分掌

1 就業規則

(1) 職場で働くためのルール

　就業規則は、労働時間や賃金等の基本的な労働条件や職場の服務規律を定めた職場で働くためのルールであり、労務管理の要となります。文書で明確にすることにより、職員、法人ともに同じ認識を持つことができ、労使間の無用なトラブルを回避することにつながります。それは職員を守ることとなり、同時に法人を守ることにもなります。

　当法人でもトラブルの回避という観点から、職員の服務規律や制裁に関することは細かく定めるようにしています。そうすることで、職員は何をすれば処分を受けるかを自覚し、法人は職員に問題があった場合など、感情論でなく、就業規則に沿って処分を行うことができます。懲罰委員会も、就業規則に沿って行うことで、処分の正当性が認められます。

(2) 就業規則の周知

　就業規則がルールとして有効に活用されるためには、職員に周知する必要があります。職員への周知は、労働基準法で義務づけられているので、施設内の見やすい場所に備え付けるとともに、入職時に必ず読んでもらうようにしています。

　就業規則は、労働基準法により、常時10人以上の職員を使用する使用者は、作成し、行政官庁に届け出なければなりません（労働基準法第89条）。介護施設では、トラブル回避の観点からも10人未満の

職員を使用する施設・事業所においても、就業規則を作成することが望ましいと思われます。

作成、変更する時は、職員の過半数で組織する労働組合（職員の過半数で組織する労働組合のないときは、職員の過半数を代表する者）の意見を聞かなければならないこととなっています（労働基準法第90条）。変更の際にも、必ず職員に周知する必要があります。

(3) 時間外労働、休日労働

注意したい点として、時間外労働、休日労働については、就業規則で規定したとしても、労働基準法第36条に規定されている協定（いわゆる「36（サブロク）協定」）を締結しなければ、従業員にさせることはできません。36協定は労働基準監督署長に届け出をして有効となります。無期限の協定をすることが許されていないため、1年ごとに届け出が必要となります。また、労働基準法第24条に規定されている「賃金控除に関する協定」についても、労働協定を結ばなければ賃金控除ができません。

就業規則は日常で注意すべき事項などを細かく規定しているものであり、年に何度か研修を行い、職員に周知徹底することで、服務規律の遵守など、職員の意識を高めることが大切となります。

2 職務分掌

当法人では、それぞれの職種がしなければならないことを、職務分掌として定めています。職務分掌により、どんな仕事が、自分の仕事であるかを自覚することができます。例えば、事務職員の職務分掌として「利用者の送迎をすること」を入れることにより、事務職員であっても「送迎も自分の仕事だ」と自覚することができるのです。仕事内容を細かく文書により提示することにより、職員は自分の仕事を正し

く理解して働くことができます。

　ただし、介護施設の職員は、定型化されたことだけをすればよいというものではないため、どんなに細かく定めたとしても、すべてを網羅することは不可能です。「職務分掌に規定されていないのでこれは私の仕事ではない」という杓子定規な考えは福祉の現場にはありません。すべての職員が利用者の笑顔のために働いており、そのためにできることを自分で考えて行動することができます。職務分掌は、効率よく仕事をするための役割分担をするものでもありますが、必ずしも、それに縛られるものではありません。

　また、退職時には職務分掌に沿って仕事の伝達を行わなければなりません。

　職務分掌も、就業規則と同じように、職員が自分の仕事として自覚を持つために、定期的に研修を行い、意識を高めることが大切となります。

4 採用計画

1 新卒者の定期採用

　当法人では年間を通じて採用計画を立てています。大学、各種専門学校、高校の新卒者の定期採用は、各々の就職部および就職担当者と定期的に連絡を取り、優秀な学生を紹介してもらうよう働きかけています。また、ハローワークの就職説明会や種々の就職フェア等に積極的に参加して、多方面からの人材発掘を図っています。

　新卒者を採用することは、1から当法人の理念に沿って育てられるという法人側の思いもありますし、定期採用は必要なことと考えています。基本は人物重視ですが、何を学んだかも採用時の重要な選択肢に入ってきます。

2 中途採用

　一般の中途採用は、ハローワークの求人票を更新することで常時求人をかけて、中途の退職や急な欠員等に随時対応を図り、採用につなげています。また、職員からの紹介も重きを置いています。

3 採用活動の展開

　各就職説明会や種々の就職フェア等への積極的な参加に加え、社会

福祉協議会等の福祉求人ツール等も活用することで求人活動を広範囲に展開しています。一方、ハローワーク等の行政が行うトライアル雇用や緊急雇用創出事業に応募して、福祉、介護人材の育成事業を通じて採用につなげる方法も行っています。

　また、当法人では国際交流や今後の介護の行く末に対しての理事長の思いも強く、EPA制度を利用し2009（平成21）年度より外国人（フィリピン）看護師、介護福祉士候補生の受け入れを行っています。毎年数名、病院、老人保健施設、特別養護老人ホームの中で契約し、現場の仕事と国家試験に向けての勉強と教育に力を注いでいます。今後については、国家試験の合格状況により、受け入れ人数等の検討をしていきます。

4 試用期間

　中途採用者については、基本的に3カ月の試用期間を設けています。ただし、資格、経験および職種や業務、その就労場所での緊急性、必要性に応じ、その時点でもっとも的確な雇用契約をとります（1年の契約有り）。

5 中長期的な採用計画

　各施設、事業所から人員配置基準をもとに、欠員および増員希望状況を把握すること、および新規事業の人員配置も考慮して職種（職務）別に募集方法の検討を行い、採用計画に組み入れていきます。

　特に介護現場の雇用形態は常用（正規）雇用、有期雇用、非常勤、短期パート等、雇用形態が多様であり、一方介護労働者の就労ニーズも同様に多様であるため、必要とする職種、業務に適する資格者および就労ニーズが合致する人を的確に採用するよう心がけています。

その他、新規事業計画や既存施設、事業所の増床、増員計画等、今後の人口動態や社会環境も考慮して5年、10年の長期の採用計画を立てることにも努力しています。

6 採用の方法および基準

　当法人は採用計画をもとに新卒者は、毎年9月に筆記試験、面接試験を実施して合格者を採用します。しかし近年は介護職を志望する応募者が少なく、必要人員を確保するため9月以降も採用試験を随時行っています。

　また、介護職等現業職員の欠員補充の中途採用者については、当該施設等において各々、随時求人・面接を行い、法人のルールに基づき採用稟議を上げ、承認を得て採用という形を取っています。

　本部幹部職員、施設長、事務長、会計・経理事務員および相談員等の職種の応募者については、基本的に理事長面接を経て採用を決定しています。

(1) 募集方法・ハローワークを通じて募集

　募集については以下のような方法で行われるのが一般的です。
・学校を通じての募集
・各機関の就職説明会、就職フェアでの募集
・新聞、雑誌等での求人広告
・事業所の管理者、職員が、友人や知人に直接働きかけて勧誘
・当法人のホームページ上での募集

(2) 採用(内定)までの流れ

　当法人における募集から実際に採用するまでの流れは、以下のようになっています。
①募集

②書類選考
③筆記試験(新卒者)
④面接(1〜2回)
⑤内定・不採用通知(7日以内)

(3) 採用(試験・応募)時の提出書類

採用に当たっては、応募者に必要な書類を提出してもらうことになります。基本的なものは**図表2-2**の通りです。

図表2-2●入職時提出書類一覧表

- 履歴書
- 誓約書(服務承諾)
- 誓約書(パソコン使用及びデータの取扱い)
- 資格者証(写)
- 雇用保険被保険者証(写)
- 給与所得者の扶養控除等の申告書
- 源泉徴収票(本年中に他事業所で給与の支給を受けた人のみ)
- 扶養申立書(健康保険に扶養家族を入れる人のみ)
- 通勤経路図兼交通費申請書
- 自動車任意保険証(写)(証券番号等記載面)
- 銀行口座振込み依頼書
- 労働者名簿
- 誓約書(個人情報)
- 物品借用書
- 年金手帳
- 運転免許証

出所:社会福祉法人ふるさと自然村

(4) 採用面接時の手順

採用を決める際には、筆記試験や作文等も重要ですが、面接の重要性は非常に高いものがあります。採用する人がどのような人間なのか、職場において仲間としてやっていけるのかなど、面接によって判断するべきことは少なくありません。

実際の面接時の質問としては、以下のような内容が多いでしょう。ただし、これらの質問事項をただ聞けばよいということではありません。答える際の口調や態度なども、採用を決める際の判断基準となります。

・応募理由を聞く(なぜ医療、福祉施設で働きたいかが明確になるような質問)

- 中途採用者には、転職の動機を聞く（特に前職場でのエピソードや苦労したこと、失敗したこと、成し遂げた功績等）
- 新卒採用者には、学生時代のクラブ活動や役割（キャプテン、マネージャー等）および学生生活の過ごし方を聞く
- 人生や生き方、目標について聞く
- 休日の過ごし方や趣味について聞く
- 健康管理について聞く
- 勤務可能日、時間、給与等、本人に希望があれば聞く
- 当法人での勤務条件等を伝える（試用期間、勤務時間、年間の有給休暇数等）

7 採用における注意事項

　採用の基準は職務内容の必要条件のもと、応募者の適正（資格等）、能力、知識、経験および個人特性を考慮し、その把握方法（手段）として、書類選考（履歴書、職務経歴書、身上書および調査書、成績証明書等）筆記試験、面接試験により評価を行います。特に面接試験においては、その人物、知識、応募の動機や意欲、法人への要望等を把握し法人職員としての適格性、順応性を総合的に判断します。

　また、必ず聞くこととして、健康状況（病歴等）、転退職理由、スポーツクラブ活動の経験（主任、キャプテンをしていたか）等があります。

（1）採用募集の留意点

　介護の現場では、有資格者を採用するケースも多いでしょう。職種によっても、確認すべき点が異なりますので注意が必要です。

1．看護師

①正看護師か准看護師か
②学歴（大学卒、専門・専修学校卒、高校卒等）
③認定看護師か専門看護師か

2. 介護福祉士
①資格取得までの経路（専門学校等の養成施設卒か、3年以上の介護等の業務に従事して国家試験を経て取得しているか）

（2）評価のポイント

「面接の手順」を通じて、応募理由や転職の動機、また、本人の人生や生き方、目標についての質問の答えの中から、以下を判断します。

①仕事に対して具体的で前向きな理由を持って、当法人の面接に来てくれた人物かどうか
②これまでの仕事の中で、どのような仕事内容をどのように成し遂げてきたか、目標を目指し、結果が出せる人物であるかどうか
③失敗体験から積極的に学ぶ姿勢があるかどうか
④面接者の顔の表情、目に光があるか、声に張りがあるか

また、体全体からの清潔感や健康かどうかなどから以下を総合評価します。

①人柄（表情、態度、姿勢、言葉遣い、服装、散髪）
②性格（積極性、協調性、行動力、忍耐力）
③やる気（熱心さ、医療・福祉に対する思い、利用者に対する思い、仕事への姿勢）
④現場経験
　ア　医療・福祉等の同業種または他業種
　イ　業務職種および内容
　ウ　経験年数（就職から退職までの勤続年数）等
　エ　退職理由
　オ　転職回数

なお、新卒採用の場合は、仕事上の経験を問うことはできませんが、

「学生時代に成し遂げた最大のことは何か」、「リーダーとして活躍する機会はあったか」、「これまでの人生での失敗」などを聞くことで、本人の潜在能力を量ることができます。

(3) 労働条件の明示

採用に当たっては、具体的な条件面をお互いが確認しておく必要があります。あいまいにしていると後になって「聞いていた条件と違う」などのトラブルにつながる可能性もありますので、文書に明示しておくことが重要です。当法人では労働条件通知書を示し、合意の署名、押印をいただくようにしています。

①就業条件（就業場所、従事すべき業務）
②労働時間等（始業、終業時刻、休憩時間、休日、交替制勤務の就業方法）
③賃金（賃金の決定、昇給計算及び支払方法、賃金締切日、支払時期）
　（昇給以外は文書に明示）
④入職……以上①②③の項目を明示すること

(4) その他

1. 職員採用（雇用）するうえでの労働法

労働に関わる法律としては、労働基準法、労働安全衛生法、最低賃金法、労働者災害補償保険法、雇用保険法、男女雇用機会均等法、育児・介護休業法などがあります。これらのうち、雇用するうえでもっとも留意するものが労働基準法です。職員の労務管理を行ううえで守るべき基本ルールを定めているので熟知が大切です。

2. 採用選考における注意事項

厚生労働省は、公正な採用選考を行うよう指導しています。
　①応募者の基本的人権を尊重すること、および適正・能力のみを基準として選考すること
　②採用選考にあたって避ける事項・思想、宗教等に関する質問
・出生地、本籍地などの質問

・家族に関する質問（職業、地位、収入、資産等）
・セクシャルハラスメントと受け取られるような質問
・労働組合、学生運動など社会運動に関する質問

（5）採用後、職員配置の留意点
①あらかじめ職務内容を十分に納得できるよう説明する
②仕事内容、目的についてマニュアル（職務分掌等）を作成し、十分理解させ、自信を持たせる
③適切配置を行い、しかるべき指導者をつけ、OJTにのっとった適切なアドバイスを行う
④将来設計が描けるような、働きがいのある職場とするよう配慮する
⑤職場での人間関係に注意する。年齢、キャリア等によって職場のまとめ役、若い人の相談役等責任を持たせる
⑥職員の希望、不満等を常時把握するよう一人ひとりの管理に気をつける

5 休暇の取り方・与え方

1 介護施設における有給休暇

　休暇には、公休・有給休暇・特別休暇などがあります。しかしながら、介護施設は関係する法律のもと、人員基準があり、その基準を守らなければ人員基準違反となってしまいます。行政機関等では、よく「時間単位で有給休暇を消化する」等の話も耳にしますが、介護施設でそのような有給休暇の取り方を行うと、その数時間に対しての代替要員が必要となってしまいます。職員は、そのようなことを理解し、介護施設の一員として、柔軟な対応を行う必要があります。

　上述の内容を基本とし、当法人の施設での実例を挙げてみます。

　当法人の公休数は、年間104日（1日の労働時間7時間45分。月単位の変形労働時間制）と定められており、月によって公休数が異なります。8.0日の月もあれば10.5日の月もありますが、各週、週労働時間40時間以下となるよう設定しています。

　公休数の多い月の場合は、できる限り有給休暇の消化は避けてもらうように協力をお願いしています。有給休暇については、業務に支障のない範囲で、また、私用による予定がわかっている場合等は、早めの届け出をお願いし対応しています。就業規則上も事前の申告です。

　翌月の勤務予定表作成の際に、各職員からの希望休が多くなると、通常のローテーションが組めない状況になってしまいます。その影響は、最終的には利用者へ向かいます。各職員に理解をしてもらい、原則「希望休は月2回まで」、「翌月の希望休は当月の15日までに申し出る」などを定めています。ただし、突発的で重要な私用が発生した場

合や資格取得のためなど、どうしても希望休が月3日を超えてしまう場合などに関しては、その都度、上司が協議し認める場合もあります。

2 公正・平等な休暇取得に配慮する

　勤務予定表を作成する職員が気をつけていることは、「平等性・公平性」です。先ほどのようなルールを定めたことによって、ある程度、公平性が保たれますが、そのルールの中でも不平等が発生する可能性もあります。

　例えば、職員Aさんは毎月2回希望休をとっているのに対し、職員Bさんからは、有給休暇取得の希望がまったく出てこないという場合があったとします。本当にBさんは私用もなく、希望休が必要ないのかもしれません。しかしながら、実は、Bさんの性格や年齢・入職の時期（後輩）などの関係上、希望休を言い出せない状況に陥っている場合も考えられます。そのことによって、Bさんにストレスがたまり、仕事が嫌になったり、やる気が薄れてしまう可能性もあります。

　そのような傾向がスケジュール表から見える場合は、法人本部の管理職員から施設事業所の管理職員への聞き合わせを行います。また同時に現場リサーチをし、本人面談を行う場合もあります。

　職員に対するさまざまなことを考慮しながら勤務予定表の作成を行っています。

6 報奨制度

1 賃金、賞与とは

　賃金とは、労働者の給与や賞与などの労働に対する対償の総称であり、俸給・給与・賃金・歳費・賞与およびこれらの性質を有するものをいいます。

　労働基準法により「賃金とは賃金・給与・手当・賞与その他名称の如何を問わず、労働の対償として使用者が労働者に支払うすべてのもの」と定められています（第11条）。

　賞与とは、ボーナス・一時金・報奨金・年末手当・夏季冬季手当等の総称です。

　賞与は労働に対する直接的な対償（賃金）とは異なり、一定期間勤務したうえでの業務成績、つまり総括的に判断し支給される対償です。

　また、使用者側は賞与の支給の有無や支給条件などを、就業規則により自由に定めることができます。

　ここでいう労働の対償とは直接的に提供した労働時間や出来高に応じて支払われるものではなく、広く労働者の生活を維持していくために使用者側が労働者に支給するものです。

2 賃金と経費、福利厚生

　使用者が労働者に支給するものは種々ありますが、そのすべてが給与・賞与になるのではありません。

その支給条件が明白であり、労働者の労務提供および労働者としての地位にあることに対して支給されるもののみが「賃金」です。

支給条件が明白であっても、実費弁償的なものは労働の対償とはいえないため賃金ではありません。したがって、出張にともなう経費としての旅費、日当、マイカー借り上げ料などは賃金とはなりません。

支給条件が不明白で任意的・恩恵的（弔慰金等）なものや便宜供与に該当するもの（ガソリン代補助等）は、賃金ではなく福利厚生となります。

3 支給額決定の基礎資料

実際に給与の支給額を決定する作業においては、該当月の勤務表を詳細に確認し、遅刻・早退・欠勤・時間外勤務等チェック（時間外業務命令書）し、就業規則に明示されている規程に基づき基礎資料を作成します。

賞与においても、支給対象期間・要件を確認し基礎資料を作成します。賞与においては、人事考課による査定支給分が含まれることが多く、日頃から職員の考課を行っておく必要があります。

給与・賞与は職員にとって日々の生活を送る重要な糧であるため、支給額決定の基礎作業は細心の注意を持って行う必要があります。

そして、給与・賞与が持つ根本的意味として重要なことは、これらが単に労働の代償として支払われるのだけではなく、働く者の労働意欲の向上や働くことの喜びに繋がるものであるということです。

4 昇給

昇給とは、職場での経験や業務での実績の向上などで、労働者が企業に認められることにより、その労働者の基本給が上がることです。

昇給は、その企業の規定や個人の努力や能力によりさまざまです。ただし、昇給は年齢とともに増える家計を支える要素も含んでおり、特別な事情（産休・育休・病休等）を除けば、一定年数ごとに昇給を行うことは、労働者の職業意欲・向上意識に関連し、組織運営上大切なことといえます。

このため企業は自らの業績・経営状況や職務・職階に応じて的確な昇給額を決定することが求められます。

5 昇進

「昇進」とは、組織における職位が高い位置になることです。一般的にはポストへの上位方向への変更が昇進とされます。

「昇進」は個々の「昇給」とは異なり、組織体の盛衰に関わると同時に、職員の仕事へのモチベーションへと繋がる重要な作業であり、的確な判断のもと実行されることが重要となります。

さらに、昇進・昇給においては、職員に対する「公平性」・「透明性」・「納得性」が求められます。「なぜ同じくらい仕事をしているのにあの人だけ昇給するのか」、「私のほうが社歴は長いのになぜ昇進できないのか」など、それが正当な昇進・昇給であっても、職員間で不満の原因となることもありますので、昇進・昇給する本人だけでなく、周囲の職員への配慮も大切です。コミュニケーションをとるのに個別面談は有効な方策のひとつです。

7 休職・退職

1 休職

　休職とは、何らかの理由により就業が不可能となった場合、労働者の地位を維持したまま一定の期間労務に服することを免除させることをいいます。

　休職について問題となるのは、労働者側の都合による場合です。労働者が私的事由により傷病にかかり、復職の見込みが立たない場合などでは、退職の問題が出てきます。

　就業規則に定めている休職期間の満了を持って退職とするという定めをすることにより、退職の手続きをスムーズに進めることができます。休職については就業規則に定める義務はありませんが、事務手続きをスムーズにするためにも定めておいたほうがよいでしょう。

　また、介護施設の職員が長期に休職する場合は、勤務シフトをどうするかなど周りの職員にしわ寄せが及ぶことが多いので、休職中の職員やその家族と定期的に連絡を取り、いつ復帰できるかの見極めをし、対応していくことが肝要です。

　当法人では休職期間中も社会保険料の本人負担分を預かる必要がありますので、そうした機会に連絡をとるようにしています。

　事務手続きとして、私傷病による休職の場合は、いくつかの条件を満たせば健康保険の傷病手当金の給付を受けることができます。請求者は職員本人となりますが、そういった手続きについて、詳しい職員は少ないので、説明をする必要があります。

　また、休職期間は、職員台帳、休暇管理台帳等に記録することによ

り管理しています。昇給、賞与および退職金の算定基礎の日数から控除する場合などに注意が必要となります。

また、何よりも休職期間中の職員への心のメンテナンスは欠かせません。

2 退職

退職については、雇用の期間を定めていない場合、原則は民法第627条第1項により「雇用は、解約の申し入れの日から2週間を経過することによって終了する」となっています。しかし、現実的に2週間では後任を探すことは難しいでしょう。介護職など、配置基準以上の人員配置をしている場合、後任が決まるまでの間、他の職員でシフトを組んで乗り切ることもできますが、例えば1人しかいない管理栄養士が辞めてしまった場合、栄養士が1人もいなくなれば、人員基準違反となり、指導の対象となります。また、栄養マネジメント加算など、管理栄養士の配置が必須条件の加算は、即日、算定することができなくなるため、即座に収入への影響も出てきます。もちろん、収入だけでなく、サービスの質の問題にもなります。介護施設では、職員の確保は重要な問題です。

就業規則に「自己都合退職の場合は1～3カ月程度前に退職願を提出すること」という規定を入れておくことは、法的拘束力はありませんが、人員確保や残された現場の職員に過大な労力を強いてしまうのを避け、また何よりも利用者に迷惑をかけてしまうことを避ける等の観点から大切な手段となります。就業規則に入れておくことで、職員に就業規則の内容を説明する際に、人員が1人でも少なくなると、利用者に対するサービスの質が下がり、迷惑をかけることなどを説明し、退職する場合は、十分な期間を持って、退職願を出してほしいと話しておくことはできます。

退職は、同時に補充職員の雇用の問題でもあり、補充が間に合わな

かったときには、介護報酬の減算という問題が起きないかという点に注意する必要があります。休職期間が長期になったときにも、同じ注意が必要です。

　退職の手続きとしては、退職願受理から始まり、離職日の翌日から5日以内に健康保険・厚生年金保険被保険者資格喪失届、離職日の10日以内に雇用保険被保険者資格喪失届の手続きをする必要があります。退職の日から1カ月以内に離職者に源泉徴収票を渡す義務もあります。

　当法人では退職金の支給がある職員については、退職金規程に従い正しく算定し、管理職を経て理事長に決裁をもらい速やかに支給をします。

　退職の手続きは、退職の際にすべき事項を一覧表にし、すべて手続きが終了した時点で、上司に報告をして終了となります。

8 表彰制度と懲戒

1 表彰制度

　会社、病院、福祉施設等、働く期間が長くなればなるほど、法人側のその職員への信頼感は増します。職員が成長し、キャリアアップをしていくことで、法人に欠かすことのできない人員ともなってきます。当然、法人はその継続的な就労に報いたいと思うでしょう。その法人側の想いを表すための手段の1つに表彰制度があります。

　当法人における表彰制度は、職員のモチベーションの向上を促すことにより、受賞者や他の構成メンバーに常にプラス志向を植え付けることを目的とし実施しています。

（1）具体的な表彰基準

　表彰に当たっては、以下のような基準を定めています。
・永年勤続し、その成績良好にして、法人または施設に貢献したとき
・有益な作業方法の改善工夫をしたとき
・災害、盗難を防止し、または非常の際に他の模範となる功労があったとき
・勤務成績優秀で他の模範と認められたとき
・さまざま資格を取得したとき

（2）表彰時期とその内容

　グループ全体でのコミュニケーションを目的として、年1回開催される忘年会での表彰を行っています。

表彰は、賞状を授与して行います。また、副賞として商品、または賞金を授与します。

2 懲戒とは

　法人および施設は秩序を維持するため、就業規則や服務規律等を定め、あるいは、直接、職員に指示、命令することができます。

　また、職場内秩序に違反する行為があった場合には、その内容を明らかにするとともに秩序の回復に必要な業務上の指示、指導、命令を行います。内容によっては制裁として懲戒処分を行うために、事実関係の調査をする場合もあります。

　労働者は労働契約を締結した結果として、職場内の秩序を遵守する義務を負い、法人は職員の秩序を乱す行為に対し、制裁として懲戒を課すことができます。なお、懲戒を行う場合は弁明の機会を与え事情をよく聴取することが必要です。

　懲戒の種類としては次のようなものがあります。
① 譴責：懲戒のなかで一番軽いもの（始末書の提出等）
② 出勤停止：労働者の就労を拒否するもの（賃金支払い義務はなし）
③ 減給：賃金を一定額差し引く処分（減給額はその月の賃金総額の1割以内）
④ 降格：役職の剥奪・降職・解任
⑤ 懲戒解雇：一番重い制裁。労働者は退職金をもらえない。会社に重大な損害を与えた場合は、民法上の損害賠償に応じる必要がある

（1）懲戒処分の留意事項

　法人が懲戒処分権限を使って職員に懲戒処分を課す場合は、下記の通り守らなければならないことがあります。
・原則として、懲戒処分は就業規則に定められている事由に該当するものであること

- 法人が処分を行う場合は就業規則に記載されている種類の処分であること
- 職員の行った行為に対して課せられる懲戒処分は、その行為に対し相応の処分であること
- 懲戒処分は職員に不利益を課する処分であるから、就業規則どおりの手続きを取ること。そうでないと無効となる場合がある
- 1つの違反行為に対して二重の処分はできない

(2) 懲戒を行う場合の例

懲戒を行う場合の当法人の例を紹介します。

- 就業規則および附属規程に違反した職員に、弁明の機会を与え事情を聴取する
- 懲罰委員会にて、それ相応の職位、職責、案件、態度等を勘案し懲罰を決定する
- 懲罰委員会の答申に基づき、就業規則に定めるところにより懲戒を行う
- 懲戒を受けた職員は、その懲戒に対し異議がある場合は懲戒が下された日より10日以内に異議を申し出ることができる

9 労働組合

1 労働組合とは

　日本における労働組合は企業別組合を主とし、産業、地域、職種等によって組織される諸外国の労働組合とは異なる特色を有しています。

　定義については、賃金労働者が、その労働生活の諸条件を維持または改善するための恒常的な団体であるとされています。日本の労働組合法では第2条で「労働者が主体となって自主的に労働条件の維持改善その他経済的地位の向上を図ることを主たる目的として組織する団体又はその連合団体をいうと規定されています。

確認問題

問題1 次の文章で正しいものに○、誤っているものに×をつけなさい。

①雇用契約においては、使用者が労働者を採用するときに、賃金、労働条件その他の労働条件を口頭で伝えなければならない。

②就業規則で規定されていれば、時間外労働については特に協定等を締結する必要はない。

③賃金とは名称を問わず、労働の対償として使用者が労働者に支払うすべてのもののことをいう。

④休職については、期間が長期に及ぶ場合の対応等を就業規則に定めておかなければならない。

確認問題

解答1

① : ×　② : ×　③ : ○　④ : ×

解説1

①労働基準法第15条により、口頭ではなく、書面等で明示しなければならないとされている。

②時間外労働、休日労働については、就業規則で規定されていたとしても、労働基準法第36条に規定されている協定(いわゆる「36(サブロク)協定」)を締結しなければならない。

③労働基準法第11条において、「賃金とは、賃金、給料、手当、賞与その他名称の如何を問わず、労働の対償として使用者が労働者に支払うすべてのものをいう」と規定されている。

④休職については就業規則に定める義務はないが、事務手続きをスムーズにするためにも定めておくことが望ましい。

MEMO

MEMO

MEMO

MEMO

MEMO

MEMO

MEMO

● 編著者プロフィール

● 編者・著者

谷田一久(たにだ・かずひさ)

株式会社ホスピタルマネジメント研究所代表。専門は医療経営学。
1984年、一橋大学法学部卒。1992年～2000年、国立医療・病院管理研究所講師。1998年～2009年、広島国際大学医療経営学科准教授。1998年より日本医師会総合政策研究機構（現、客員研究員）。特定非営利活動法人日本医療マネジメント学会理事。徳島大学医学部非常勤講師。ほか、多くの自治体の委員を務める。

● 著者

社会福祉法人ふるさと自然村

1996年3月、地域に根ざした笑顔のある第二の我が家をコンセプトに高知県南国市に社会福祉法人設立。1998年1月、特別養護老人ホーム運営開始。以降、高知県内で社会福祉事業等を展開、地域福祉の発展、人材育成に関わる。2011年4月、神奈川県横浜市に特別養護老人ホームを開設。現在、介護保険42事業所をはじめ、養護老人ホーム、保育所など年齢、障害をとわず「在宅・施設・地域」で生きるをテーマに取り組んでいる。

山本惠子(理事長)
徳弘早苗(本部長)
小島正士(副本部長)
上村敏彦(施設長)
笹岡京子(施設長)
板垣宏典(統括マネージャー)
藤村　英(施設長)
岡田幹雄(施設長)
穂積慶成(事務長)
光井一彦(事務長)
福井祐美(会計室長)
吉田明美(理事室長)

江草安彦（えぐさ・やすひこ）

社会福祉法人旭川荘名誉理事長、川崎医療福祉大学名誉学長
1926年生まれ。長年にわたり、医療・福祉・教育に従事、医学博士。旧制広島県立福山誠之館中学校卒業後、岡山医科大学付属医科専門部（現・岡山大学医学部）に進学し、勤務医を経て総合医療福祉施設・社会福祉法人旭川荘の創設に参加、85年より旭川荘の第2代理事長となる。現在は名誉理事長。川崎医療福祉大学学長（〜03年3月）、川崎医療福祉大学名誉学長および川崎医療福祉資料館館長（現在に至る）。00年、日本医師会最高優功章受章、01年保健文化賞、06年瑞宝重光章、09年人民友誼貢献賞など受賞多数。

大橋謙策（おおはし・けんさく）

公益財団法人テクノエイド協会理事長、元日本社会事業大学学長
1943年生まれ。東京大学大学院教育学研究科博士課程修了。日本社会事業大学教授、大学院研究科長、社会福祉学部長、社会事業研究所長、日本社会事業大学学長を経て、2011年より現職。埼玉県社会福祉審議会委員長、東京都生涯学習審議会会長等を歴任。著書に、『地域社会の展開と福祉教育』（全国社会福祉協議会）、『地域福祉』『社会福祉入門』（ともに放送大学教育振興会）、『地域福祉計画策定の視点と実践』（第一法規）、『福祉21ビーナスプランの挑戦』（中央法規出版）ほか。

北島政樹（きたじま・まさき）

国際医療福祉大学学長
1941年生まれ。慶應義塾大学医学部卒。外科学（一般・消化器外科）専攻、医学博士。慶應義塾大学名誉教授。Harvard Medical School、Massachusetts General Hospitalに2年間留学。杏林大学第一外科教授、慶應義塾大学病院副院長、院長、医学部長を経て名誉教授。国際医療福祉大学副学長、三田病院院長を経て国際医療福祉大学学長（現職）。英国王立外科学会、アメリカ外科学会、イタリア外科学会、ドイツ外科学会、ドイツ消化器外科学会、ハンガリー外科学会名誉会員およびポーランド外科学会名誉会員。New England Journal of Medicine、World Journal of Surgery、Langenbeck's Archives of Surgeryなどの編集委員。ブロツワフ大学（ポーランド）、センメルワイス大学（ハンガリー）名誉医学博士。

介護福祉経営士テキスト　実践編Ⅰ-3
事務管理／人事・労務管理
求められる意識改革と実践事例

2012年8月25日　初版第1刷発行

編著者	谷田一久
発行者	林　諄
発行所	株式会社　日本医療企画
	〒101-0033　東京都千代田区神田岩本町4-14　神田平成ビル
	TEL. 03-3256-2861（代）　http://www.jmp.co.jp
	「介護福祉経営士」専用ページ　http://www.jmp.co.jp/kaigofukushikeiei/
印刷所	大日本印刷株式会社

Ⓒ Kazuhisa Tanida 2012, Printed in Japan　ISBN 978-4-86439-096-5 C3034　定価は表紙に表示しています。
本書の全部または一部の複写・複製・転訳載の一切を禁じます。これらの許諾については小社までご照会ください。

これからの介護・福祉事業を担う経営"人財"
介護福祉経営士テキスト　シリーズ全21巻

総監修
江草 安彦 社会福祉法人旭川荘名誉理事長、川崎医療福祉大学名誉学長
大橋 謙策 公益財団法人テクノエイド協会理事長、元日本社会事業大学学長
北島 政樹 国際医療福祉大学学長

【基礎編Ⅰ】テキスト（全6巻）

1	介護福祉政策概論 ──施策の変遷と課題	和田　勝	国際医療福祉大学大学院教授
2	介護福祉経営史 ──介護保険サービス誕生の軌跡	増田雅暢	岡山県立大学保健福祉学部教授
3	介護福祉関連法規 ──その概要と重要ポイント	長谷憲明	関西国際大学教育学部教授・地域交流総合センター長
4	介護福祉の仕組み ──職種とサービス提供形態を理解する	青木正人	株式会社ウエルビー代表取締役
5	高齢者介護と介護技術の進歩 ──人、技術、道具、環境の視点から	岡田　史	新潟医療福祉大学社会福祉学部准教授
6	介護福祉倫理学 ──職業人としての倫理観	小山　隆	同志社大学社会学部教授

【基礎編Ⅱ】テキスト（全4巻）

1	医療を知る ──介護福祉人材が学ぶべきこと	神津　仁	特定非営利活動法人全国在宅医療推進協会理事長／医師
2	介護報酬制度／介護報酬請求事務 ──基礎知識の習得から実践に向けて	小濱道博	介護事業経営研究会顧問
3	介護福祉産業論 ──市場競争と参入障壁	結城康博　早坂聡久	淑徳大学総合福祉学部准教授　社会福祉法人柏松会常務理事
4	多様化する介護福祉サービス ──利用者視点への立脚と介護保険外サービスの拡充	島津　淳　福田　潤	桜美林大学健康福祉学群専任教授

【実践編Ⅰ】テキスト（全4巻）

1	介護福祉経営概論 ──生き残るための経営戦略	宇野　裕	日本社会事業大学専務理事
2	介護福祉コミュニケーション ──ES、CS向上のための会話・対応術	浅野　睦	株式会社フォーサイツコンサルティング代表取締役社長
3	事務管理／人事・労務管理 ──求められる意識改革と実践事例	谷田一久	株式会社ホスピタルマネジメント研究所代表
4	介護福祉財務会計 ──強い経営基盤はお金が生み出す	戸崎泰史	株式会社日本政策金融公庫国民生活事業本部融資部専門調査役

【実践編Ⅱ】テキスト（全7巻）

1	組織構築・運営 ──良質の介護福祉サービス提供を目指して	廣江　研	社会福祉法人こうほうえん理事長
2	介護福祉マーケティングと経営戦略 ──エリアとニーズのとらえ方	馬場園　明	九州大学大学院医学研究院医療経営・管理学講座教授
3	介護福祉ITシステム ──効率運営のための実践手引き	豊田雅章	株式会社大塚商会本部SI統括部長
4	リハビリテーション・マネジメント ──QOL向上のための哲学	竹内孝仁	国際医療福祉大学大学院教授／医師
5	医療・介護福祉連携とチーム介護 ──全体最適への早道	苛原　実	医療法人社団実幸会いらはら診療所理事長・院長
6	介護事故と安全管理 ──その現実と対策	小此木　清	弁護士法人龍馬　弁護士
7	リーダーシップとメンバーシップ、モチベーション ──成功する人材を輩出する現場づくりとその条件	宮野　茂	日本化薬メディカルケア株式会社代表取締役社長

※タイトル等は一部予告なく変更する可能性がございます。